Dietlind Herlert-Schaaf
Mystisches Kartenlegen
nach Mlle Lenormand

۲

Corona-Handbuch

Dietlind Herlert-Schaaf
Mystisches Kartenlegen
nach Mlle Lenormand

CORONA

Die Deutsche Bibliothek - CIP-Einheitsaufnahme

Herlert-Schaaf, Dietlind:
Mystisches Kartenlegen nach Mlle Lenormand: Mlle
Lenormand - das alte überlieferte Wissen /
Dietlind Herlert-Schaaf - Hamburg : Corona, 1999
   (Corona-Handbuch)
    ISBN 3-934438-00-8

Mit Beiträgen von Camilla Haymack
Mit 36 Farbabbildungen,
187 S/W Abbildungen

Erstauflage 1999

ISBN 3-934438-00-8
© Copyright 1999 by Corona, Hamburg
Alle Rechte vorbehalten
Satz und Layout: CORONA, Hamburg
Umschlaggestaltung: Bachmann & Seidel
a product of: Larimar Multi Media

Dieses Buch ist allen Menschen gewidmet, die sich mit Andacht und Ehrfurcht dem alten überlieferten Wissen der Mlle Lenormand nähern. Unser besonderer Dank geht an die »geistige Welt«, die es uns ermöglicht hat, dieses Buch in ihrem Sinne erscheinen zu lassen.

Dietlind Herlert-Schaaf
Camilla Haymack

Inhaltsverzeichnis

Die Entstehung des Buches 8
Marie Anne Adelaide Lenormand 11
Umgang mit göttlichen Gaben 12
Über den Umgang mit Klienten 13
Erste Einführung in die Praxis 14
Die 36 Karten der Mlle Lenormand 16

Traditionelle Bedeutung der Lenormand-Karten

Erklärung der einzelnen Karten 18
Karma 35
Magische und esoterische Karten 36
Magische und esoterische Karten in Kombinationen 40
»Schwarze Magie«, ihre Bedeutung 41
»Weiße Magie«, ihre Bedeutung 43

Karten-Kombinationen

1 Reiter 44
2 Klee 46
3 Schiff 47
4 Haus 49
5 Baum 51
6 Wolken 52
7 Schlange 53
8 Sarg 55
9 Blumen 56
10 Sense 58
11 Ruten 59
12 Eulen 60
13 Kind 62
14 Fuchs 64
15 Bär 65
16 Sterne 67
17 Störche 68
18 Hund 70
19 Turm 71
20 Park 73
21 Berg 74
22 Wege 76
23 Mäuse 77
24 Herz 79
25 Ring 80
26 Buch 82
27 Brief 83
28 Herr 85
29 Dame 86
30 Lilie 88
31 Sonne 89
32 Mond 91
33 Schlüssel 92
34 Fische 94
35 Anker 95
36 Kreuz 97

Ab welchem Zeitpunkt ist Kartenlegen mystisch? 98
Was ist Mystik, und wie gehe ich mit ihr um? ..100

Besonderheiten

Karten und Bildreihenfolge 102
Personenkarten und ihre Zuordnung 103
Partnerschaftsverbindungen 103
Städte und Gebäude 103
Länder und Umgebung 104
Jahreszeiten 106
Tageszeiten 106
Klimaentsprechung 106
Eigenschaften 107
Geld und Kapital 108
Sofortige Entscheidungen 109
Krankheitskombinationen 113
Berufe mit Kombinationen 123

Legearten (Grafiken)

Gesamtübersicht 128
Die gegenwärtige Situation und nahe Zukunft 128
Status quo – wo stehe ich jetzt 129
Großes Blatt 130
Keltisches Kreuz – Was in Kürze geschieht 131
Was kommt diese Woche auf mich zu 132

Legetechniken Beispiele – Auswertungen

Legetechnik zu Gesamtübersicht 133
Die gegenwärtige Situation und nahe Zukunft . 134
Status quo – wo stehe ich jetzt 138
Großes Blatt 140
Deutung des großen Blattes, ein Beispiel
aus meiner Praxis 142
Keltisches Kreuz 146
Karmisches Gesetz in den Karten 148
Basis und Existenzfragen
    Umzug 151
    Mittelpunkt: Sexuelles Problem 152
    Selbständigkeit 153
    Karriere 154
    Arbeitssituation 155
Kartenziehen in der Silvesternacht 156
Was kommt diese Woche auf mich zu 158

Alphabetisches Verzeichnis der Karten und
und Kombinationen 159
Arbeitsunterlagen
    Was kommt diese Woche auf mich zu 191
    Gesamtübersicht 194
    Die gegenwärtige Situation u. nahe Zukunft 194
    Großes Blatt 196
    Keltisches Kreuz 198
Nachwort 200
Danksagung 201

Die Entstehung des Buches

Das Manuskript zu dem hier vorliegenden Buch »Mystisches Kartenlegen nach Mlle Lenormand« entstand 1983. Zu diesem Zeitpunkt gab es leider kein Buch, nur den kleinen traditionellen Kartenbegleittext, zu den wunderschönen »Mlle-Lenormand-Karten«. Bereits lange vor diesem Zeitpunkt faszinierten uns diese Karten. Immer wenn wir still über ihnen saßen und sie sinnig betrachteten, fingen sie an, uns Geschichten zu erzählen, und wir begannen, mit ihnen zu arbeiten. Wir waren einige Frauen, die sich die Erkenntnisse einzeln und gemeinsam erarbeitet haben.

Eines Tages setzten wir uns zusammen und beschlossen, unsere Erfahrungen, Erkenntnisse und Eingebungen aufzuschreiben, mit der Absicht, diese einem großen interessierten Leserkreis zugänglich zu machen. Drei aus unserem Team sprachen auch ihre Eingebungen und ihr inneres Wissen über die einzelnen Karten aus. Damit es nicht sofort wieder in Vergessenheit geriet, ließen wir mehrere Kassetten laufen und nahmen alles auf. Danach sprachen wir jede einzelne Karte durch und versuchten durch unseren logischen Verstand, das Wissen in eine brauchbare Form zu bringen.

Eine Dame in unserem Kreis hat später alles niedergeschrieben und damit protokolliert. Wir versprachen uns, dieses Manuskript keinem Fremden zu geben, denn wie bereits erwähnt wollten wir dieses Wissen einem großen Publikum zur Verfügung stellen. Allerdings mußte der Rohentwurf nochmals einer Korrektur unterzogen werden, da manche Interpretationen fehlten und andere wiederum sich als nicht haltbar herausstellten.

Zu diesem erneuten Zusammentreffen kam es nicht mehr. Sie wissen selbst, wie das ist; keine Zeit, wichtige andere Dinge, Privatleben . . . und zu allem Überfluß verzog eine Dame aus unserem Kreis. Wir hatten sie aus den Augen verloren und somit das Manuskript vorübergehend auf Eis gelegt, da es ja nicht fertig war.

Doch der Gedanke ließ uns nicht los, daß unser Buch ein Handbuch und umfassendes Nachschlagewerk für Ratsuchende sein sollte, die rechten Glaubens sind, um auch anderen Menschen zu helfen, die in großer Not sind. Es gab zwar große Schwierigkeiten, doch die Gerechtigkeit und der Wille Gottes verhalfen uns nach so langer Zeit, dieses Buch, so wie es hätte ursprünglich sein sollen, zuzüglich unserer nochmals siebzehnjährigen heutigen Erfahrung zu veröffentlichen.

In Dankbarkeit
Dietlind Herlert-Schaaf

Oktober 1999

Zuerst einmal unseren herzlichsten Dank an Dietlind, die mit unermüdlichem Fleiß und nächtelangem Schreibstreß Wort für Wort in die Maschine tippte und alle Unterlagen von uns in rasender Eile druckreif ablieferte. Ohne sie wäre dieses Buch jetzt nicht in Ihren Händen.

Wie es so ist im Leben, kam uns der »Zufall« ins Haus geschneit, nichts ahnend, was da auf uns zukam. Wir hatten es nach nun fast 15 Jahren schon aufgegeben, daran zu glauben, daß unser Buch noch einmal unter die Menschen kommt. Vor fast 17 Jahren saßen wir damals Tage und Nächte, Wochen und Monate zusammen, grübelten, bis uns die Köpfe rauchten, dachten, formulierten und schrieben, was unser Geist hergab, um endlich richtige, verwertbare und gute Deutungen für diese Lenormand-Karten zu finden, über die es damals keine brauchbaren Bücher gab, außer den »Beipackzetteln« in den Karten-Sets.

Nachdem ich damals einen Traum mit einem Buch hatte, welches auf die Lenormand-Karten hinwies, stand für mich fest, daß ich genau solch ein Buch machen muß. Als es endlich soweit war, und wir langsam unsere Manuskripte vollgeschrieben hatten, dachte ich; nun ist es endlich soweit. Leider aber zog eine unserer Mitdenkerinnen in ein anderes Land, noch eine andere verließ uns, und am Ende wurde das Buch nicht fertig.

Zwischenzeitlich waren einige Autoren schneller als wir, und plötzlich gab es mehrere Lenormand-Bücher auf dem Buchmarkt. Und noch etwas stellten wir mit Schrecken fest: Unser Manuskript muß irgendwie in andere Hände geraten sein. Denn eines Tages, Jahre später, sahen wir »unser« Buch im Laden stehen. Irgend etwas war da falschgelaufen . . . Unser Traum schwand dahin. Wir gaben es auf.

Inzwischen sind seitdem viele Jahre vergangen. Vor einigen Wochen kam ein Anruf, der besagte, daß wir sofort unser Buch schreiben sollten. Es eilt! »Unser Buch«? Dietlind und ich, wir trauten unseren Ohren nicht. Aber es war so. Ich hatte leider zu wenig Zeit, um mich sofort um das Buch zu kümmern, und Dietlind mußte vorarbeiten. Ich war weder darauf vorbereitet, noch hatte ich die Unterlagen von damals richtig ausgearbeitet. Das brauchte Zeit.

Ich schrieb und schrieb, doch kam ich mit meinen Texten nicht nach und war zu spät dran. Dietlinds Arbeiten waren dank der heutigen Technik schneller bei unserer Verlegerin als meine. Und am Ende mußte selbst unsere Verlegerin passen, da sie anfangs befürchtete, »ihr Buch« würde nicht voll. Inzwischen hatte sie so viel Text und so viele Deutungen auf ihrem Schreibtisch liegen, daß sie fast davon erdrückt wurde. Zudem zeigte sich, daß sich im Laufe der Jahre unsere Aussagen über einige Deutungen unterschieden. Dietlind schrieb anders als ich. Meine Texte wurden lang und länger, so daß unsere Verlegerin keinen anderen Ausweg mehr sah als diesen, unsere »Bücher« zu trennen. Ihr Vorschlag: Wir machen gleich zwei Bücher daraus. Denn alles in ein Buch zu packen wäre unmöglich! Zuviel. Zu dick!

Zuerst war ich traurig darüber, doch dann sah ich es ein. Und so betrachte ich nun Dietlinds »Monumentalwerk« als Vater und Mutter und mein Buch als »Baby«. Im Prinzip gehören beide Bücher zusammen und sollen sich ergänzen. Mein Anliegen war es von Beginn an, die Karten nicht nur praktisch, sondern auch psychologisch-esoterisch zu betrachten. Mein Schwerpunkt liegt in der Astrologie, während Dietlind mit den Karten lebt und phantastisch damit arbeiten kann.

Nun wünsche ich allen Lesern und Kartenlege-Lernenden dieses Buches viel Freude, viele Erkenntnisse, viele nachdenkliche Stunden und einen besseren Einblick in das Leben sowie die Fähigkeit, der Zeit immer ein wenig voraus zu sein. Und vielleicht lernen Sie die Lenormand-Karten ebenso sehr lieben wie ich, wie wir beide. Sie sind wunderschön.

In Liebe
Camilla Haymack

Marie Anne Adelaide Lenormand

wurde am 27. Mai 1772 in Alençon in der Normandie geboren und war die mithin populärste Wahrsagerin aller Zeiten. Man gab ihr den Namen »Die Sibylle von Paris«.

Mlle Lenormand, genannt die Sibylle von Paris, wer kennt sie nicht, die weltberühmte, ja berühmteste aller »Kartenlegerinnen«, deren Ruhm sogar den großen Kaiser der Franzosen veranlaßte, sie vor seinem Rußlandfeldzug 1812 noch abends in Paris in der Rue St. Appoline (Faubourg St. Denis) aufzusuchen. Napoleon forderte sie auf, ihm eine klare Auskunft über den Erfolg seines russischen Feldzuges zu geben.

Mlle Lenormand riet, nachdem sie »die Karten gelegt hatte«, mit aller Entschiedenheit von diesem Feldzug ab. Sie sagte den Brand von Moskau, den gänzlichen Zusammenbruch und die zügellose Flucht des großen Heeres aus Rußland voraus. Es wird berichtet, daß der siegesgewohnte Korse sie wutentbrannt verließ, nachdem sie auch auf Drohungen keine andere Antwort gab als die, welche sie aus der Lage der Bedeutung der Karten klar zu erkennen vorgab.

Gewiß, es hat auch Jahrhunderte vorher schon geschriebene beziehungsweise gedruckte Spielanleitungen gegeben. Hier bei uns in Deutschland finden wir das bei Johann Schöffer zwischen 1505 und 1510 gedruckte »Mainzer Losbuch«, das über das früheste Wahrsagen aus Spielkarten Zeugnis ablegt.

Fast so lange wie es das variantenreiche Spiel der kleinen bunten Karten gibt, hat es immer bekannte Kartenlegerinnen gegeben, (junge Zigeunerinnen lernen das Kartenschlagen eher als das Kochen, sagt man), doch Mlle Lenormand, die Sibylle von Paris, ist die »Mutter aller Kartendeuterinnen«, da sie zum ersten Mal feste Regeln, Legearten und Deutungen hinterließ.

Die nachstehenden Ausführungen entstanden aus meinen inneren Eingebungen. Mit diesem Lenormand-Handbuch versuche ich anderen mein Wissen aus meiner über zwanzigjährigen Praxis in leicht verständlicher Form zu vermitteln.

Wie auch immer Sie zu den Prophezeiungen der Karten stehen mögen, schon nach kurzer Zeit werden Sie beruhigter und zuversichtlicher in die Zukunft sehen, da auch die schwierigsten Probleme zu lösen sind, und erwartungsvolle Vorfreude wird Ihnen zu glücklichen Ereignissen verhelfen.

Umgang mit göttlichen Gaben

Viele Menschen in unserer schnellebigen Zeit brauchen Hilfe und Ratschläge, allein bedingt durch Streßsituationen in Beruf und Alltag und vieles mehr. So entstand der Drang – gefördert auch durch Medien wie Presse, Rundfunk und Fernsehen, die schrecklichen Dinge hochzuspielen –, dann zu Wahrsagern, Kartenlegern und Zukunftsdeutern usw. zu gehen. Bedauerlicherweise bleiben auch schlechte Erfahrungen für den Ratsuchenden manchmal nicht aus, denn hier ist es wie mit allem, was uns angeboten wird; es gibt alles in Fülle. Und nun erlaube ich mir, einige persönliche Worte an Sie zu richten. Ich hoffe, Sie verstehen es richtig.

Bitte denken Sie stets daran: Wenn Sie einem ratsuchenden oder verzweifelten Menschen die Geschehnisse voraussagen, übernehmen Sie in diesem Moment eine große Verantwortung für dessen Leben. Denn er glaubt Ihnen, er vertraut Ihnen, und manchmal sind Sie sein letzter Strohhalm. Seien Sie sich dessen bewußt.

Die Fähigkeiten, wie Hellsehen, Medialität usw., sollten nicht dazu dienen, um sich an anderen Menschen zu bereichern. Viele sagen, es kann passieren, daß man diese Fähigkeiten sonst wieder verliert. Ist dieser Glaube richtig oder falsch, oder ist es nur ein Aberglaube? Eines steht fest, es gibt Menschen, bei denen es eine Gottesgabe ist, die sie mit in die Wiege gelegt bekommen haben, um anderen Menschen zu helfen. Und ich bin der Meinung, wenn man schon diese göttlichen Gaben geschenkt bekommt, so sollte derjenige sie auch bewußt zum Allgemeinwohl nutzen. Schon in der Bibel gab es Prophezeiungen und Weissagungen.

Anders verhält es sich hingegen mit dem erlernten und erarbeiteten Wissen, welches Sie in Gesprächen dem Ratsuchenden vermitteln, um ihn mit Hoffnung und Zuversicht in seine Zukunft zu entlassen. Dieses erlernte und erarbeitete Wissen betrachten Sie bitte genauso wie das Studium eines Arztes oder Mathematikers. Viele Menschen bringen irgendwelche besonderen Fähigkeiten mit, doch das qualifiziert sie noch lange nicht, den Beruf in bester Qualität zu leisten. Das, was Sie geben, sollte das Beste sein, was Sie leisten können, und das sollte auch dementsprechend honoriert werden.

Wenn Sie die Absicht haben, anderen Menschen die Karten zu deuten, so denken Sie immer daran, daß Ihnen Ihre Fähigkeiten von Gott gegeben sind und es Ihre Berufung ist, anderen Menschen nach bestem Wissen und Gewissen zu helfen. Die geistige Welt hilft Ihnen dabei. Damit machen Sie sich und andere frei.

Über den Umgang mit Klienten

Aus meiner langen Praxiserfahrung weiß ich, daß Menschen, die zu mir in die Beratung kommen, meistens verzweifelt sind, sich mit Problemen herumschlagen, kleine und große Sorgen haben. Viele davon leiden unter Existenzängsten und privaten Problemen, die meistens die Partnerschaft betreffen.

Ich tue mein Bestes, um mit Menschen behutsam und einfühlsam umzugehen, ihnen Wärme und Geborgenheit – sei es auch nur für diesen Beratungstermin – zu geben. Gleichgültig ist es, ob man die Karten für sich selbst legt oder anderen Personen. Auf die Schnelle und ohne Bedacht wird es in den seltensten Fällen gut werden. Deshalb sollten doch einige Richtlinien beachtet werden, vor allem dann, wenn Sie damit beginnen, für andere Menschen Karten zu deuten.

Zum Kartenlegen wird Ruhe benötigt. Störungen und Ablenkungen von außerhalb sollten ausgeschaltet werden. Bitten Sie die Person, die Ihren Rat in Anspruch nimmt, immer gegenüber Platz zu nehmen, damit erreichen Sie eine leichtere Schwingung und auch Öffnung des Herzens. Fast immer zünde ich eine Kerze an, denn die Flamme, das Licht übermittelt die Hoffnung. Sicher kennen auch Sie die Aussage: »Wenn du denkst, es geht nicht mehr, kommt von irgendwo ein Lichtlein her«, genau das, dieses Lichtlein, diese Hoffnung wird von Ihnen erwartet, wenn Sie anderen die Karten legen.

Immer ist es hilfreich, ein Gebet zu sprechen, beziehungsweise Zwiesprache mit unserem Schöpfer zu halten, darum zu bitten, die Dinge richtig zu sehen und wiederzugeben, damit nach bestem Wissen und Gewissen geholfen werden kann. Fördernd ist auch ein schönes Ambiente, in dem sich die Menschen wohl fühlen.

Für die ersten Versuche, anderen Menschen Karten zu legen, ist es sinnvoll, sich Bekannte oder Freunde zu nehmen, Leute aus dem Umfeld, von denen Sie wissen, diese werden es Ihnen nicht übelnehmen, falls Ihre Aussagen noch ungenau sind. Am besten ist es, ein einzelnes Problem, das dringlich ist, mit nur wenigen Karten zu beantworten. Die Fragen und die Antworten sollten Sie notieren, damit Sie später nachvollziehen können, ob die Geschehnisse richtig interpretiert wurden. Mit der Zeit werden Sie immer sicherer. Das wird von ganz allein geschehen.

Denken Sie immer daran, Sie übernehmen die Verantwortung für Ihre Aussagen. Lassen Sie den Ratsuchenden, egal ob Freund oder Fremder, nie ohne Hoffnung und Kraft gehen.

Erste Einführung in die Praxis

Zuerst lasse ich den Ratsuchenden mir gegenüber Platz nehmen und frage, ob er unser Gespräch gerne auf einer Kassette haben möchte. So ist es für ihn leichter, immer wieder nachzuvollziehen, was ihm gesagt worden ist und auf ihn zukommt. Denn im Laufe des Kartenlegens hört der Fragende so viel, daß er gar nicht in der Lage ist, alles behalten zu können. Oftmals ersucht der Mensch nur wegen einer bestimmten Situation um Rat, und ausgerechnet dieses Ereignis kommt erst viel später ins Gespräch.

Am liebsten ist es mir, wenn ich von meinem Gegenüber keine Vorabinformationen erhalte. Das hat den Vorteil, daß ich ohne jegliche Ablenkung meiner Intuition und meinem Wissen folgen kann. So sehe ich allein die Ereignisse, die auf den Fragenden zukommen.

Ich übergebe meinem Gegenüber das Päckchen mit allen 36 Karten mit der Bitte, sich freizumachen von Gedanken. Er soll so lange mischen, bis er das Gefühl hat, es ist gut. Ich bitte ihn mit der linken Hand zum Herzen hin verdeckt (d.h. mit der Rückseite oben) 3 Päckchen abzuheben, so daß insgesamt 3 ganz beliebig große Kartenpäckchen entstehen. Die untersten Karten jedes dieser Päckchen werden offen nebeneinander aufgelegt (d.h. mit dem Kartenbild nach oben) und ergeben schon die erste Deutung (siehe Legeart 1). Danach es ist unwichtig, mit welcher Hand abgehoben wird, nur diese ersten 3 Päckchen müssen mit der linken Hand abgehoben werden, da sie vom Herzen kommt.

Die Hauptkarten sind hierbei die Dame (29), wenn es sich um eine weibliche Person und der Mann (28), wenn es sich um eine männliche Person handelt. Von der Lage dieser Personenkarte hängt die Deutung ab. Die Personenkarte darf nie am Rande liegen, und in der 4. Reihe gibt es nur zwei Möglichkeiten, denn die Personen brauchen immer ein Umfeld.

Sollte dies dreimal hintereinander geschehen, so unterbreche ich kurz und frage, was ihm denn so sehr auf dem Herzen liege, das ihm wichtiger erscheint. Aus meiner zwanzigjährigen Erfahrung weiß ich, daß das fast immer der Fall ist, und so nehme ich diese Frage vorweg.

Danach fahre ich mit dem üblichen Kartenlegen wieder fort.

Es darf nicht vergessen werden, daß die Beziehungen der Karten zueinander, wenn sie ausgelegt werden, wichtiger sind als die Bedeutung der einzelnen Karten. Damit möchte ich auf die Gefahr hinweisen, daß, je genauer und detaillierter ein Kartenlegebuch in den einzelnen Kombinationen zueinander ausgearbeitet ist, der Lernende vergißt seine Intuition zu schulen. Er verläßt sich dann zu hundert Prozent auf die Kombinationsaussagen und übersieht dabei, was ihm das Kartenblatt noch Wichtiges mitteilen will.

Zeitbestimmungen, wie wir sie in unserer materiellen Welt kennen und handhaben, gibt es in der Welt des Jenseitigen (bzw. Unsichtbaren) nicht. Daher ist es äußerst schwierig, genaue Zeitangaben durch ein Kartenbild oder eine Zukunftsvision herauszuarbeiten. Erinnern wir uns an die Zitate: »Ein Jahr ist gleich einem Tag« und »Der Mensch ist wie eines der Sandkörner in der Wüste«.

Trotzdem können wir einen Anhaltspunkt für Zeitabläufe ganz vorsichtig bestimmen. Es gibt verschiedene Menschenkategorien. Eine davon bezeichnen wir als sehr irdisch, als ganz »normale Menschen«. Sie befassen sich kaum mit Esoterik oder Spiritualität, sind also sehr bodenständig. Sie werden nur zum Ratsuchenden, wenn sie einen harten Schicksalsschlag erlitten haben oder gerade mal, weil es »in« ist, oder ein Freund oder eine Freundin sie zum Kartenleger mitnimmt. Für diese Menschen ist der Zeitfaktor am leichtesten zu bestimmen, denn sie leben in einer materiell, materiemäßig stark verdichteten Energieschwingung. Da das Unterbewußtsein, das innere Wissen, jedes Leben des einzelnen im voraus kennt, legen sich diese Menschen auch ein klares Bild mit allen Fakten im Kartenblatt. Demzufolge wirkt das ganze Kartenblatt auch logisch und leicht erklärbar.

Nehmen wir den anderen Menschentyp. Einen, der sich sehr mit Esoterik und Spiritualität beschäftigt, der viel meditiert und Selbstfindung betreibt. Allein durch Meditation, Yoga, Entspannungsübungen öffnet sich der Zugang zum Unbewußten (zur geistigen Welt), einer Welt ohne unsere Zeitrechnung. Doch für diese Menschen ist die »jenseitige« auch real, und sie pendeln auch oft im Alltag, ohne es zu wissen, zwischen den Zeitebenen. Sind diese Menschen sehr kreativ, und meistens sind sie das, so entwickeln sie sehr starke Wünsche und Sehnsüchte. Beim Kartenlegen zeigen sich die Bilder im Kartenblatt dann so, als ob alle Ereignisse bereits stattfinden oder demnächst erfolgen. Insofern ist es auch richtig. Der Fragende hat sich in diesen Realitäten bereits gesehen und sie erlebt, doch nicht im irdischen Körper, sondern nur im Geistigen. In der Realität muß er manchmal lange auf das Eintreffen warten, denn es ist noch nicht materialisiert.

Sie sehen, Fragen zu einem bestimmten Zeitpunkt zu stellen, ist sehr problematisch. Man muß die Fragen so stellen, daß der Zeitpunkt des vorhersagenden Ereignisses symbolisiert wird. Deshalb haben wir Menschen die Zeit für die materielle Welt erfunden, um Ordnung in unser Leben zu bringen und leichter Verabredungen miteinander treffen zu können. In meiner langjährigen Praxis ist es mir schon passiert, daß sich das zu erwartende Ereignis genau um ein Jahr verschoben hat, obwohl eine Situation im Raum gestanden hat, als sei es früher.

Die 36 Karten der Mlle Lenormand

Die Mlle-Lenormand-Karten sind sehr vielfältig, sehr vielschichtig und sehr schön anzuschauen. Sie spiegeln uns, nehmen wir zum Beispiel die Karte 1, den Reiter, eine vergangene Zeit wider. Sehen Sie sich diese Karte genauer an, und versetzen Sie sich in diese Zeit des Jahrhunderts, um das Wesen, die zentrale Kernaussage dieses Reiters zu begreifen.

Beobachten Sie sich dabei, Ihre Gedanken, Ihre Wunschvorstellungen und Ihre Empfindungen.

Notieren wir die Grundaussage:
Überraschung, freudige Nachricht, alle Nachrichten sind fast immer gut, Spritzigkeit, Lebendigkeit, Aktivität. Ach ja, und die Karten über dem Reiter spiegeln seine Gedanken und die um ihn herum die Wirklichkeit.

Machen Sie ein Experiment: Legen Sie sich die Karte Nr. 1, den Reiter, heraus. Schauen Sie sich das Kartenbild an. Ziehen Sie drei Karten, die Ihnen gefallen. Diese legen Sie oberhalb des Reiters aus (zeigen die Gedanken). Danach drapieren Sie um den Reiter herum noch fünf weitere Karten (spiegeln die Wirklichkeit).

Jetzt stellen Sie sich vor, Sie leben in dieser vergangenen Zeit und erwarten einen Boten, eine Nachricht. Was für ein Ereignis, Nachrichten beziehungsweise Depeschen zu erhalten. Doch Sie wissen nicht, ob die Übermittlung gut oder schlecht für Sie sein wird, also gehen Sie zu einer Kartenlegerin und bitten um eine Aussage. Die Karte Reiter weist darauf hin.

Stellen Sie sich jetzt vor, wie glücklich Sie sich fühlen, wie die Spannung abfällt und wie viele neue Gedanken und Pläne in Ihrem Kopf auftauchen, weil alles gut wird. Genau dieses Gefühl nehmen Sie in das Hier und Jetzt hinein.

Es ist eine einzigartige Übung, um das Wesen der Karten zu verinnerlichen, sie zu fühlen, sie zu spüren und genau zu wissen, was sie im Hier und Jetzt für Sie bedeuten.

Wenn Sie sich ein bißchen eingelesen haben, versuchen Sie diese Übung mit allen 36 Karten zu machen. Gönnen Sie sich zwischenzeitlich Ruhepausen, und tun Sie es nur, wenn es Ihnen Spaß macht zu träumen.

Traditionelle Bedeutung der Lenormand-Karten

Das 36er Deck

Erklärung der einzelnen Karten

DER REITER
Karte 1   Herz 9

Bedeutung:
Der Reiter als Karte ist fast immer positiv zu sehen. Die Karten, die auf dem Reiter liegen, zeigen die Gedanken und Wünsche an, während die umliegenden Karten die Realität spiegeln. Überraschung, geistige Reise, unterwegs sein, abwesend sein, Nachricht, freudige Nachricht, Bote oder Übermittler, positive Karte, Freude.

Körperlicher Aspekt:
Sportlich, immer aktiv, jünger.

Charaktereigenschaften:
Sportlich, spritzig, flink, flexibel, unterwegs sein, arrogant, steht gerne im Mittelpunkt, flotter Gesellschafter.

Zeitlich:
Es kommt etwas auf uns zu.

Element:
Luft, hat merkurische Eigenschaften.

DER KLEE
Karte 2   Karo 6

Bedeutung:
Kleine Freude, kurzes Glück, Ereignis kann »in Kürze« eintreten.

Zeit:
In Kürze, geschieht meist innerhalb von 2 bis 4 Wochen, weniger als 7 Wochen.
Bei der Legeart 5 gilt es eine Besonderheit zu beachten: Kommt die Karte Klee auf Platz 8 (auch Hausplatz/Hauskarte genannt), so bedeutet es 2 Stunden, 2 Tage, 2 Wochen.

Charaktereigenschaften:
Leichtigkeit, Problemlosigkeit, Unverbindlichkeit. Steht für die Farbe Grün.

DAS SCHIFF
Karte 3   Pique 10

Bedeutung:
Eine Karte, die immer mit Reisen in Verbindung steht. Davon betroffen sind Reisen, die nicht zu Fuß unternommen werden, sondern immer mit einem Fahrzeug, wie Schiff, Flieger, Zug, Auto. Reisen allgemein. Auch seelische Reisen, Wunschträume, Sehnsüchte. Steht auch für die Seele. Seele, symbolisiert durch Wasser »Eintauchen in die Tiefen des Unbewußten«.

Körperlicher Aspekt:
Seele, auch eventuell Blase.

Charaktereigenschaften:
Das Weite liebend, sich in engen Räumen unwohl fühlen. Gerne unterwegs, zu Abenteuern bereit. Freiheitsliebend, reist gerne. Offenheit, sehnsuchtsvoll, musisch.
Auf die umliegenden Karten achten!

Landschaftlich:
Gewässer, Seen, Flüsse.

Element:
Wasser, astrologisch Krebseigenschaften.

DAS HAUS
Karte 4   Herz König

Bedeutung:
Haus, das man zu kaufen beabsichtigt, das eigene Haus oder Heim. Die Wohnung, in der man sich befindet. Festigkeit, Stabilität.

Körperlicher Aspekt:
Betrifft den ganzen Körper.

Charaktereigenschaften:
Standhaftigkeit, Häuslichkeit, sich heimisch fühlen, Geborgenheit, seelischer Schutz, Werte haben, sich wert fühlen. Sicherheit haben. Gewisse Reserviertheit anderen gegenüber. Häuslich, liebt die Gemütlichkeit, sichert den Zusammenhalt in der Familie. Stabil im Charakter.

Element:
Erde, würde astrologisch für das 4. Haus stehen, ist Krebsqualität.

DER BAUM – LEBENSBAUM
Karte 5 Herz 7

Bedeutung:
Auch der Lebensbaum, Gesundheit, gute Kondition. Verwurzelung, Stamm(baum), Urmodell, Naturverbundenheit, Langeweile. Schicksal, abwarten, längerer Zeitraum. Zeitlänge kann unter Umständen Jahre andeuten. Liegt der Baum mit der Sonne zusammen, so zeigt es Stabilität an. Mit dem Mond zusammen Neigung zu Depressionen und Traurigkeit. Mit den Fischen zu Trägheit, Neigung zur Fülle, Wasserhaushalt; verschwommen.

Charaktereigenschaften:
Jemand, der gerne in die Natur geht, naturverbunden ist, auch stiller Mensch, ruhig, ausdauernd, auch abwarten können. Geduld haben. Dieser Baum mahnt immer zur Geduld. Nichts geht schnell. Befinden sich weitere, zu ruhige Karten unmittelbar daneben, so deutet es auf Trägheit und Faulheit, auch bewegungslos verwurzelt sein.

DIE WOLKE
Karte 6 Kreuz König

Bedeutung:
Gespalten sein, etwas, das gespalten ist. Zweifach, Zwiespältigkeit, kränklich. Gedanken, Launenhaftigkeit, Unbeständigkeit, Seelenkummer, auch Träume.
Zusammen mit der Karte 5, dem Baum, wird es hell und gut. Besserung der Situation folgt.
Die dunkle Seite der Wolke zum Baum bedeutet: Es wird etwas krank, oder die Person wird krank, nach der gefragt wird.
Mit der Schlange daneben verweist es auf die Möglichkeit von Verlust, Kriminalität oder zumindest negativen Einfluß.

Körperlicher Aspekt:
Die Lunge oder das Atmen, Brustbereich, Seele.

Charaktereigenschaften:
Zeigen Schwankungen an, nicht zu wissen, wie man sich entscheiden soll. Keine Entscheidungen treffen, hinauszögern. Mit sich selbst nicht im reinen sein. Rauch, gasförmig, Dunst, Dampf, Chemie, Nebel, bewölkt, vergiftet sein, schwellend. Astrologisch gesehen: neptunische Tendenz. Launenhaftigkeit, Unberechenbarkeit oder Gewissen – je nachdem wie die umliegenden Karten aussehen, ist es positiv oder negativ zu sehen.

DIE SCHLANGE
Karte 7 Kreuz Dame

Bedeutung:
Frau, intelligent, niemals naiv, meist dunkelhaarig. Alter ist relativ, doch nicht jünger als 25 Jahre. Mit dem Kind (13) dabei deutet es auf eine junge Frau hin. Kann auch eine falsche, raffinierte, hinterlistige Frau sein. Für einen Mann nicht die richtige. Bedeutet auch Untreue, nicht sehr vertrauenswürdig, wenn die Karte Schlange von negativen Karten umgeben ist. Steht für die Schwester, Freundin, Tante, Enkeltochter, Nichte, Cousine, Kollegin, Bekannte.

Körperlicher Aspekt:
Nerv als Krankheitssymbol, Darm, Dickdarm, auch die Nabelschnur; auch mit jemandem verbunden sein wie durch eine Nabelschnur. Seil, Schnur, Leitungen.

Charaktereigenschaften:
Intelligenz, gewisse Vorsicht, Gewitztheit, raffiniert, clever, stark verbunden sein, sich an etwas heranschleichen, hintergründig, beobachtend. Zum Beispiel Schlange und Fische: mit Geld verbunden sein, auch verkettet sein.
Wichtig ist immer zu beachten, welche Karten die Schlange umgeben, z. B. Turm + Schlange deuten auf die Mutter hin.

DER SARG
Karte 8 Karo 9

Bedeutung:
Verlust. Kränklich, nur vorübergehend, als gezwungene Ruhephase zu betrachten. Auch die gegenwärtige Situation ist ungesund, auch das Geld kränkelt.
Fällt der Sarg mit der Karte 34, die Fische, zusammen, so bedeutet es Geldverlust.
Liegt der Sarg mit der Maus zusammen, so heißt das, daß man den Geldverlust wieder zurückerhält oder Ersatz in anderer Form. Etwas was von außen über den Geist kommt, z. B. Medialität. Auf alle Fälle gibt es einen Ausgleich.

Körperlicher Aspekt:
Das Herz oder die Wirbelsäule.

Charaktereigenschaften:
Depressiv, Seele ist krank, kränklich, äußert sich im Pessimismus und negativem Denken. Auch Jenseitskontakte möglich. Tod (doch nur, wenn alle anderen Karten perfekt dazu liegen), ansonsten ist es symbolisch als Erneuerung, Wiedergeburt, Transformation zu sehen. Entspricht in der Astrologie dem 8. Haus des Skorpions.

DER STRAUSS – BLUMEN
Karte 9 Pique Dame

Bedeutung:
Klassische Verlobungskarte, nette Gesellschaft. Besuch, etwas Schönes kommt. Geschenk. Kaffeekränzchen, Zusammentreffen von Freunden. Menschen mit Manieren, nett, freundlich, zuvorkommend und höflich. Steht auch für eine junge Frau, keine alte.
Liegt das Kind daneben, weist es auf ein junges Mädchen hin.
Liegen die Blumen mit einer Mannkarte zusammen, so sind beide gleichaltrig.
Mit dem Fuchs zusammen gibt es Tratsch und Gerede.

Körperlicher Aspekt:
Vegetatives Nervensystem, etwas, was wächst, wie zum Beispiel ein Myom. Akne.

Charaktereigenschaften:
Charme, Höflichkeit, freundlich. Durch die Blume sprechen, gute Kinderstube, gutes Benehmen, nette kleine Gesellschaft, gesellig sein in kleiner Runde.

DIE SENSE
Karte 10 Karo Bube

Bedeutung:
Schrecken, Gefahr, Warnung, Brutalität. Plötzlich und überraschend. Auch freudiger Schrecken, wenn die Sense mit dem Reiter oder einer anderen positiven Karte zusammenliegt.
Liegt die Sense vor der Person, ist immer mit Brutalität zu rechnen.
Liegt die Sense im Rücken der Person: Etwas Unangenehmes kommt bestimmt.
Liegt die Sense mit dem Sarg, deutet es auf Schlägerei, Kriminalität, Zuhälterei, Explosion hin.

Körperlicher Aspekt:
Der Kopf, Hals, Zähne, Ohren und Augen.

Charaktereigenschaften:
Gewisse Aggressivität immer vorhanden. Gewisse Unberechenbarkeit, Schärfe, Spontaneität, Überraschungen, setzt Zielstrebigkeit meist zum eigenen Vorteil ein.
Bezug zu Metall, spitzen Gegenständen, Operationen, Schneidewerkzeugen, spitzen Gegenständen (Spritzen).
Astrologisch gesehen entspricht die Sense der Mars-Qualität.

DIE RUTEN
Karte 11   Kreuz Bube

Bedeutung:
Sorgen, Streit, Auseinandersetzungen und Diskussionen. Unfallgefährdung. Besprechungen mit Chefs oder übergeordneten, machtausübenden Personen. Mit der Sense zusammen deutet es auf erhöhte Unfallgefahr hin. Es geschieht unvermutet und plötzlich. Auch unvermutet in Streitgespräche mit heftigen und gefährlichen Worten geraten.

Körperlicher Aspekt:
Nerven, gesamter Bewegungsapparat, vor allem Hände. Bewegungsmuskeln, Sprache.

Charaktereigenschaften:
1. Kommunikation – die Sprache
Jemand, der sich gerne unterhält, sich selbst gerne reden hört. Einmischung und Belehrung. Unterliegt schnellem Stimmungswechsel, Meinung teils/teils, schwankend, hektisch, eifernd. Zwei, zweierlei, Pärchen, Zweifaches.
2. Streitsüchtig
Dazu beachten Sie bitte die umliegenden Karten.

DIE EULEN
Karte 12   Karo 7

Bedeutung:
Sorgen, Tränen, Nervosität, Hektik, nervös sein. Aufregungen, Mißgeschicke. Nervenbelastung, schwankend, beidseitig. Nervliche Belastung äußert sich in Hektik und Unentschlossenheit.
Wenn die Vögel bei der Personenkarte liegen, so sind es wenigstens immer zwei Personen, meistens ältere Frauen in untergeordneten, dienenden Stellungen. Diese Karte betrifft in ihrer Aussage nicht Angestellte oder Menschen in führenden Positionen.

Körperlicher Aspekt:
Venen, Nerven, Krampfadern, Beine.

Charaktereigenschaften:
Derzeit instabile Persönlichkeit, schwankend, unentschlossen, wechselwendig, wechselhaft, nervös, fahrig. Leicht beinflußbar. Belangloser Schwätzer. Verliert sich in Nebensächlichkeiten.

DAS KIND
Karte 13 Pique Bube

Bedeutung:
Kollege, Kollegin, gesellig sein, sich in Gesellschaft wohl fühlen. Kann das Kind sein oder der Sohn, wenn nur ein Kind existiert, auch die Tochter, nie der Enkel. Bedeutet auch Naivität, dumm sein, nicht sehr intelligent. Angepaßt, unselbständig. Pubertätszeit. Auch eventuelle Entwicklung von etwas Neuem, Neuanfang.
Liegt das Kind über dem Kopf einer Person, so deutet es hier auf mangelnde Intelligenz hin.

Charaktereigenschaft:
Zufriedenheit, Natürlichkeit. Tugendhaftigkeit bzw. Reinheit, Kindlichkeit. Klein, zierlich, anschmiegsam, kindlich. Gesellig sein im ausgesuchten Kollegenkreis, sich in Gesellschaft wohl fühlen, naives offenes Verhalten. Trotzreaktionen, es beweisen zu wollen, Neuanfänge zu inszenieren, ohne genaue Planung. Blindes Vertrauen, ohne zu hinterfragen.

DER FUCHS
Karte 14 Kreuz 9

Bedeutung:
Falsch, Tratsch, Klatsch. Falschheit im Bekannten- und Kollegenkreis. Tratsch, Klatsch werden bewußt inszeniert. Menschentypus meistens blond oder rot. Stolz auf seinen Intellekt sein und sich gerne reden hören. Können jedoch auch sehr verschwiegen sein.
Liegt der Sarg beim Fuchs: Dummheit, keine Bildung, primitiv.
Liegt der Fuchs vor oder über der Person, so bedeutet es: Neugier oder auch Mißtrauen.
Liegt der Fuchs neben einer Person: Unehrlichkeit.
Fuchs im Rücken der Person: Verschwiegenheit.

Charaktereigenschaften:
Falschheit, Schlauheit, Intrigant, Verschwiegenheit, Lügen, Unehrlichkeit, Maskierung, Schauspielerei. Schleichend, einschleichend, spionierend, mißtrauisch, beobachtend, fixierend, schnüffelnd, neugierig.
Achten Sie immer auf die Karten, die den genauen Bereich ansprechen.
Mahnt zur Vorsicht!

DER BÄR
Karte 15 Kreuz 10

Bedeutung:
Der Bär ist eine sehr positive Karte. Groß, stark, gutmütig, guter Charakter. Mensch (meist männlich) mit starker Kraft oder Ausstrahlung. Fast immer stellt er eine Person dar:
Weiblich, Schwiegermutter, alte Frau, Oma, Tante. Sollte es sich hier um eine Frau handeln, so ist sie älter als der Mann, falls ein männlicher Fragesteller nach einer Frau fragt.
Männlich, meistens dunkelhaarig oder grau, Chef, gehobene Position, meistens Beamtentum; Behörde. Auch Rechtsanwalt, Onkel, älterer Bruder, Geschäftsmann, Mann mit Bildung und Weisheit, (speziell, wenn die Sterne daneben liegen, bedeutet es: Eine Sache geht gut aus).
Liegen Turm und Lilie neben dem Bär, so handelt es sich um Leidenschaft.

Charaktereigenschaften:
Diplomatisch, leidenschaftlich; Eifersucht: Bär und Sense. Als Person: stattlich, behäbig, kraftvoll, oft mit Bauchansatz und breiten Schultern.

DIE STERNE
Karte 16 Herz 6

Bedeutung:
Die Sterne ist eine sehr positive Karte. Geist, Klarheit, Hellsichtigkeit, Traum, Intelligenz und Intuition, Esoterik, Astrologie, Medikamente und Haut.
Liegt der Sarg bei den Sternen, ist die geistige Wahrnehmung getrübt, es handelt es sich um eine mental verursachte Störung. Die ausführliche Erläuterung der Bedeutung – Sarg und Sterne – lesen Sie bitte auf Seite 39.
Tageszeit: Nacht.

Körperlicher Aspekt:
Sensibilität, Empfindsamkeit, die Haut, Zellen.

Charaktereigenschaften:
Klarheit, Musik, Astrologie, Kunst, Hellsichtigkeit. Der Geist; das Gelingen einer Sache. Geistige Gaben aus dem Kosmischen. Intelligenz, etwas geht gut aus, wenn es funktionieren soll. Offener oder unbewußter Zugang zur Akashachronik. Allumfassendes geistiges Wissen im Unterbewußtsein abgespeichert.

Element:
Luft. Astrologisch: Wassermann, uranische Energie plus neptunischem Einfluß.

DIE STÖRCHE
Karte 17   Herz Dame

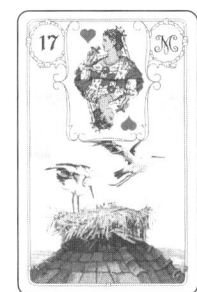

Bedeutung:
Veränderungen in jeglicher Form: örtlich, gedanklich, mental; geistige Einstellung. Persönliche oder berufliche Veränderungen (entsprechende Karten beachten).
Storch mit Anker deutet auf berufliche Veränderung hin.
Storch mit Haus oder dem Turm zeigt einen Umzug an.
Liegen die Störche mit dem Turm und der schwarzen Wolke in einer Konstellation, so deutet es auf Gefängnis, Strafe, Prozeß, Gericht hin.

Charaktereigenschaften:
Veränderungen sind angesagt. Bitte die umliegenden Karten beachten. Falls bislang Sorgen und Probleme eine Belastung darstellten, deuten die Störche auf positive Veränderungen hin. Auch hier bitte die umliegenden Karten genauestens beachten.

DER HUND
Karte 18 Herz 10

Bedeutung:
Freund, dunkler Mann, freundlich. Guter treuer Charakter. Selten eine Freundin, meistens ein Mann. Auch Arbeitskollege. Der Hund stellt meistens eine Person dar, die hilfreich zur Seite steht, wenn Hilfe benötigt wird. In Freud und Leid treu zur Seite stehen.

Charaktereigenschaften:
Kameradschaft, Freundschaft, Vertrauen, Treue. Jemand, auf den man sich verlassen kann. Gutmütigkeit. Dienend, nicht herrschend.

Wir bedauern, über den Hund nur eine kleine Aussage machen zu können. Doch seine wahre Größe und Bedeutung erhält er immer in Gemeinschaft und verbunden mit den anderen Karten.

DER TURM
Karte 19 Pique 6

Bedeutung:
Trennung. Trennung örtlich. Trennung von Freunden. Isolation, Einsamkeit, Bank, Finanzamt, Arbeitsamt. Ein egoistischer Chef.
Liegen die Ruten neben dem Turm: Arzt, Gericht.
Turm und Sarg: Anstalt.
Turm und Park: kann großes Hotel/Unternehmen sein, viele Menschen, die täglich darin verkehren.
Turm und Schlange: ist die Mutter.
Turm und Bär oder Kreuz: ist der Vater
Turm und Sonne: kraftvoller geistiger Mensch, doppelte geistige Kraft, eventuell heilende Kräfte, Arzt.
Turm und Störche und der Park: Gericht.

Körperlicher Aspekt:
Wirbelsäule, Hals, Finger.

Charaktereigenschaften:
Egoismus, Verschlossenheit, Beharrlichkeit, Unbeugsamkeit, Ehrgeiz, isoliert sich, bildet eine Mauer um sich.
Persönlichkeit, Stärke, Einzelgänger, introvertiert.

Element: Erde, astrologisch der Saturn.

DER PARK
Karte 20 Pique 8

Bedeutung:
Öffentlichkeit, aus dem Publikum kommend. Großes Haus, kein Wohnhaus. Eingeladen werden zu Partys, Gesellschaften, Versammlungen, Vorträgen, Kongressen, auch Theaterbesuchen. Liegen die Sterne beim Park, folgen Einladungen zu äußerst populären Medienveranstaltungen, wie Theater, Film, Shows usw.
Park und Sarg: Krankenhaus.

Körperlicher Aspekt:
Leichte Gebrechen, Behinderung, entweder von Geburt an oder durch einen Unfall.

Charaktereigenschaften:
Gerne in großer Gesellschaft, geht gerne aus, steht gerne im Mittelpunkt, liebt den Luxus und das Leben. Geselligkeit auf größerer Gesellschaft, Öffentlichkeit, Publikum.

DER BERG
Karte 21 Kreuz 8

Bedeutung:
Blockade, Hindernis, Behinderung, Sperre, keine Weiterentwicklung. Ein Feind, ein Mann, der Chef. Wenn es im Kartenbild um einen Mann geht, dann ist er sein eigenes Hindernis. Der Geist, seine Gedanken sind sein Hindernis und auch die Behinderung. Eine Sperre, kein Fortkommen. Er hat einen Panzer um sich geschaffen und kann sich nicht für neue Aspekte öffnen. Psychologisch gesehen, kapselt er sich ab; Starrheit, unflexibel, unbeweglich. Astrologisch gesehen untersteht er dem Saturn-Prinzip (Steinbock). Dies bedeutet: Stärke, Zähigkeit, Ehrgeiz, Steifheit.

Körperlicher Aspekt:
Skelett, Knochen, auch Kopf oder Neigung zur Verkalkung. Steinbildung.

Charaktereigenschaften:
Stur, blockiert, kalt, verklemmt, behindert, auch verschlossen sein, dickköpfig, ehrgeizig, zäh, auf der Stelle treten.

DIE WEGE
Karte 22 Karo Dame

Bedeutung:
Eine Zeitkarte.
Kompromißbereitschaft, Scheideweg, Alternativen, Ausweichmöglichkeiten, Toleranz. Auf die Frage hin . . . wo ? . . . ist . . . auf . . . dem . . . Weg. Zeitlich gesehen, weniger als 7 Wochen, Zeit verstreichen lassen, Entscheidung kann noch nicht getroffen werden, da die Zeit noch nicht reif dafür ist.

Körperlicher Aspekt:
Arterien, Venen, Adern, Sehnen und Bänder.

Charaktereigenschaften:
Kompromißbereitschaft, sucht Alternativen, Auswege, geht den Weg des geringsten Widerstandes. Entscheidungen werden vor sich her geschoben.

DIE MÄUSE
Karte 23 Kreuz 7

Bedeutung:
Verlust, Diebstahl. Kann auch der Darm, die Verdauung sein. Es handelt sich immer um Abfall, Müll. Auch Schmutz, Dreck, Boden, Fußboden. Bei einer Frage bedeutet es: Etwas geht in Verlust, z. B. jemand fragt: Werde ich diese Arbeit behalten?, dann bedeutet diese Karte den Verlust der Arbeit. Etwas verschwindet, aber es dauert noch eine längere Zeit, bis es soweit ist.
Hat der Fragende Befürchtungen wegen seiner Gesundheit, so sei ihm versichert, sie bleibt so, wie sie ist. Mäuse mit Sarg bedeutet jedoch krank sein.
Mäuse mit Ring: ledig oder geschieden.
Mäuse mit Fischen: oft auch depressiv oder Hang zum Alkohol.
Mäuse mit Fischen und Personenkarte: auch betrunken sein.

Körperlicher Aspekt:
Magen, Darm, Verdauung.

Charaktereigenschaften:
Angst zu verlieren, nicht loslassen können. Gefahr in passivem Verhalten. Schmutz.

DAS HERZ
Karte 24 Herz Bube

Bedeutung:
Liebe, liebevoll, sehr zugetan, hilfsbereit, angenehmer Besuch, Herz, Blut, Farbe Rot.
Liegt der Sarg oder das Kreuz daneben, deutet es auf ein krankes Herz hin, das kann auch »Herzschmerz« (Liebeskummer) sein.
Mit Turm oder Mäuse daneben, deutet es auf Gefühlskälte hin, »ein kaltes Herz haben«, oder das Herz fühlt sich einsam.
Mit der Karte 13, dem Kind, zeigt es Gutmütigkeit an.
Im Grunde genommen dreht sich alles um die Liebe und um Herzlichkeit.

Körperlicher Aspekt:
Herz, Blut. Mit der Lilie dazu betrifft es den Hormonhaushalt.

Charaktereigenschaften:
Liebenswürdig, hilfsbereit, Hilfe gebend, herzlich, uneigennützig. Eine karmische Liebe ist es, wenn Kreuz und Herz in Verbindung zueinander sind.

DER RING
Karte 25 Kreuz As

Bedeutung:
Verbindung und Verbundensein zu: Beruf, Liebe, einer Person, einem Ort und Land.
Ring und Anker: Treue.
Ring und Haus: Festigkeit, auch Heimat.
Ring und Sarg: Witwenschaft oder Scheidung.
Ring und Lilie: meistens Verbindung zur Sexualität, ein Verhältnis mit jemandem haben. Aber auch geistiger Frieden. Innerlich friedvoll sein. Seinen inneren Frieden gefunden haben.
Ring und Sense: gefährliche Verbindung.
Ring und Fische: Geld ist da, auch wenn die Person sagt, sie habe keins!
Ring und Sterne: bedeutet Erfolg haben.

Charaktereigenschaften:
Verbundensein, den Kreis schließend, zusammenhaltend (Familie usw.).

DAS BUCH
Karte 26 Karo 10

Bedeutung:
Geheimnis, das noch nicht Gewußte, auch das Unbewußte, das noch zu Erwartende, das Verschleierte.
Liegt rechts neben dem Buch die Lilie: Etwas noch nicht Gewußtes wird offenbart.
Liegt das Buch am Ende des ausgelegten Kartenblattes: Man erfährt nichts.
Buch und Anker: ein Geheimnis, das verdeckt bleibt, außer der Fragesteller hat beruflich mit Büchern zu tun, so zeigt die Kartenkombination den Beruf an.

Charaktereigenschaften:
Geheimnisvoll. Geheimnisse haben, verschlossen sein. Unklarheit, noch nicht Greifbares, im Verborgenen liegend.

DER BRIEF
Karte 27 Pique 7

Bedeutung:
Nachricht, etwas Vorübergehendes, nichts Bleibendes, etwas Kurzlebiges. Vermittlung, Kontakte knüpfen, Telefonat, Brief, Korrespondenz, auch spontanes Geschenk (Blumen oder andere Kleinigkeiten).
Zeitlich gesehen: kurz, schnellebig.
Sächlich gesehen: flach, ohne Tiefe.

Charaktereigenschaften:
Oberflächlich, kurzplanend, durchlaufend, prinzipiell schnell.

DER HERR
Karte 28 Herz As

Bedeutung:
Person: Er, wenn Fragesteller, Herzensmann, Freund, zukünftiger Mann, ein Mann männlich.
Für Verheiratete immer der Ehemann.
Für Ledige immer der Mann, den man am meisten liebt, falls es bei der Frage um Liebesangelegenheiten geht.

DIE DAME
Karte 29 Pique As

Bedeutung:
Person: Sie, wenn Fragestellerin, Herzensdame, Freundin, zukünftige Frau, Ehefrau, feminin.
Wenn Ehefrau, dann die derzeitig angetraute.
Sollte der Mann mehrere Frauen haben, so ist immer die erste gemeint.
Für Ledige: immer die Frau, die man am meisten liebt, falls es bei der Frage um Liebesangelegenheiten geht.
Legt man sich die Karten selbst, so ist es auch immer die eigene Person.

DIE LILIE
Karte 30 Pique König

Bedeutung:
Gefühl, Frieden, Ausgeglichenheit, friedlich sein. Familienmitglied, familiäres, Sexualität. Sächlich: Weiß, Schnee, Eis mit leichter Schneeschicht, es liegt etwas still, geht nicht weiter, »auf Eis«. Stillstand. Liegt der Schwerpunkt auf Amts-, Behördenangelegenheiten: Es ruht alles, man sollte etwas dagegen unternehmen.
Schwerpunkt bei Beziehungen: ruhen lassen.
Liegt die Lilie neben dem Mond: starkes Einfühlungsvermögen, Ästhetik, edel, Harmonie, Schönheit, Kühle.

Körperlicher Aspekt:
Sexualität, Geschlechtsorgane, Unterleib der Frau.

Charaktereigenschaften:
Sexualität, Genußfähigkeit, Familiensinn, zeigt Ästhetik, gefühlsbetont. Zurückhaltende Vornehmheit, kühle Ausstrahlung. Harmoniebedürfnis, friedlich, friedfertig, nicht streitsüchtig.

Astrologisch: Venus, Neptun.

DIE SONNE
Karte 31 Karo As

Bedeutung:
Leben, Energie, Geist, Kraft, Wille, Ehrgeiz, Lebenswille, Durchsetzung. Medial veranlagt, auch intuitiv, bewußt oder auch unbewußt. Das Leben als Inkarnation betrachten und auch im Ganzen akzeptieren.
Liegt der Sarg daneben: schwacher Lebenswille, der Geist ist krank, er arbeitet nicht richtig.
Sonne – Sarg – Wolke: »schwarze Magie« ... Genaue Erläuterung: Lesen Sie bitte das gesamte Kapitel auf Seite 39.
Zeitlich gesehen: Sonnenaufgang oder um die Mittagszeit. Süden, Sommer, südliche Länder.

Körperlicher Aspekt:
Energie des Geistes, der Gedanken, Lebenskraft, Augen.

Charaktereigenschaften:
Kreativität, gestalterisch, willensstark, sich durchsetzend, energiegeladen, Kraft, Lebenswille, Ehrgeiz. Mediale Veranlagung zum Senden vorhanden. Starke Gedankenübertragung. Das Licht, Wärme. Farbe Gold.

Element: Feuer (Geist).

DER MOND
Karte 32 Herz 8

Bedeutung:
Seelenspiegel, Intuition, meistens Medium, (bewußt oder unbewußt), nimmt auf, ist Empfänger, Lösungen/Einfälle beim Erwachen. Anerkennung, Beförderung, Rangerhöhung, Erfolg bei der Arbeit.
Liegen der Mond und Anker zusammen, so deutet es auf Träume, Traumerleben hin.
Zeitlich gesehen: Abenddämmerung oder Frühdämmerung, immer Übergang vom Hellen ins Dunkle, je nach Jahreszeit.

Körperlicher Aspekt:
Seele, Gehirn, Gehirnflüssigkeit, Blockaden, Phantomschmerzen.

Charaktereigenschaften:
Intuitiv, Medium, medial, Sensibilität, Weichheit, schwankend im Gefühlsleben, wenig erdbezogen. Seelische Tiefe. Die seelische Verfassung prägt den Tagesablauf und ist für die Hochs und Tiefs verantwortlich.

DER SCHLÜSSEL
Karte 33 Karo 8

Bedeutung:
Aufschließen, Erschließen, z. B. eines Geheimnisses (siehe Karte Buch). Geheimnis wird öffentlich, mit Sicherheit. Verborgenes wird mit Gewißheit offensichtlich, die Fragmente ergeben mit Sicherheit ein Ganzes. Etwas ist sicher. Kommt mit Sicherheit, ist vorbestimmt. Nicht abwendbar.

Meine Redewendung dafür lautet: Der Schlüssel ist die Sicherheit, daß es sich hundertprozentig ereignet. Es ist genauso sicher wie der eigene Schlüssel, mit dem Sie täglich Ihre Wohnungstür auf- und zuschließen.

Charaktereigenschaften:
Sicherheit, Menschlichkeit, materiell, Selbständigkeit.

DIE FISCHE
Karte 34 Karo König

Bedeutung:
Geld, materielle Werte. Besitz, Kapital, Papiere, Dokumente, Reisepaß. Fühlt sich am und im Wasser wohl, bevorzugt Wohn- und Reiseländer mit Wasser. Liegen die Fische zwischen Turm und Berg, – Turm – Fische – Berg so bedeutet das: Geiz. Berg – Fische: Sparsamkeit.

Zu meinen Personen sage ich immer: Den Fisch im Wasser, den können Sie nicht fangen, und wenn Sie ihn haben, so flutscht er Ihnen wieder aus den Händen.
Genauso verhält es sich mit Ihrer Seele; wenn Sie denken, Sie können Sie lenken, so ist sie Ihnen schon wieder entglitten.

Körperlicher Aspekt:
Nieren, evtl. Blase, Seele.

Charaktereigenschaften:
Materialistisch. Psychologe, seelische Verbindung. Läßt Probleme auf sich zukommen, läßt sich gerne treiben.

Element: Wasser, Fische, auch neptunische Qualität.

DER ANKER
Karte 35 Pique 9

Bedeutung:
Beruf, Berufung, Ausbildung, Schule, Lehranstalten, Organisation, Öffentlichkeitsarbeit. Verankert sein, verwachsen, festgefahren.
Liegt die Karte 20, der Park, daneben, so kann es sich um eine Prüfung handeln.
Wird generell nach dem Ausgang einer Prüfung gefragt, so ist der Anker die Ausgangskarte.
Liegt der Anker mit dem Kreuz zusammen: Fanatismus, Besessenheit (auferlegtes Leiden).
Anker mit Ring: Treue.
Zeitlich gesehen November, auch skorpionische Färbung, des »Festhaltens« wegen.

Körperlicher Aspekt:
Becken, Hüfte, Schenkel, Steißbein. (Die Ursachen der Krankheitssymptome beruhen in diesen Fällen auf Verbissenheit und festhalten wollen).

Charaktereigenschaften:
Verankerung, festhalten, klammern. Hat aber auch positive Eigenschaften, wie Fülle, etwas haben, bereichert sein, Werte.

Astrologisch:
Jupiter-Qualität, Zuordnung im Schützen.

DAS KREUZ
Karte 36 Kreuz 6

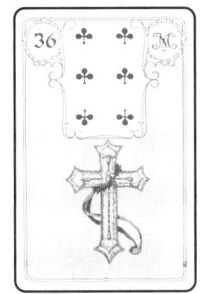

Bedeutung:
Auflösung, Erlösung, Belastungen, Last, Bürde, Schicksal, Karma.
Zeitlich gesehen: bald. Kommt schneller als das Kleeblatt, ohne unser Zutun. Es ist bestimmt. Bestimmung bedeutet auch: nichts tun, etwas ruhen lassen, Lösung findet statt.
Kreuz vor der Person: Dieser Mensch ist durch Ereignisse belastet.
Kreuz hinter der Person: Sorgen und Leid lösen sich auf – alles ruhen lassen, nichts tun, Lösung kommt.
Körperlicher Aspekt:
Rückgrat bis zum Halswirbel, Schultern, auch Arme bis Handgelenk.
Charaktereigenschaften:
Festigkeit, Ideologie, Gläubigkeit, Religion.

Karma

Das Kreuz, unser Schicksal, unsere Bürde, unser Karma und auch unsere Erlösung. Und dennoch ist es nichts anderes als einmal eine getätigte Ursache, und jetzt baden wir im Hier und Jetzt die Wirkung aus. Es ist vergleichbar mit einem Gärtner, der im Frühjahr seine Begonien in die Erde pflanzt und sich schon freut, daß sie im Sommer wundervoll blühen werden. Doch dabei gilt es zu berücksichtigen, daß er düngen und harken und gießen, also hegen und pflegen muß, ansonsten werden ihm die Keimlinge eingehen. Sollte er dies vergessen und sich nicht weiter damit befassen, so kann er sich nicht an einer Blütenpracht freuen.

Genauso verhält es sich mit dem Karma. Wir säen; kümmern uns oft nicht mehr darum, vergessen zu gießen, glauben nicht daran, daß etwas wundervoll erblühen könnte. Und dann, wenn die Blüte-Erntezeit da wäre und in Nachbarsgarten alles grünt und blüht, stehen wir mit hängendem Kopf da und beschweren uns bitterlich.

Das ist Karma, das Gesetz von Ursache und Wirkung. Dabei ist es gleichgültig, wann diese Ursache gesetzt wurde, jedoch ist es uns nicht gleichgültig, wenn wir jetzt damit zu tun haben. Oft können wir nicht verstehen, warum uns das Schicksal so hart trifft. Wir fragen uns, wie kommt es nur, ich habe in meinem ganzen Leben noch nie jemandem absichtlich Schaden zugefügt, aber ich werde immer geschädigt, oder warum laufen mir alle Männer weg? Warum habe ich kein Glück in der Liebe? Was habe ich nur getan, fragt man sich dann manchmal verzweifelt. Welches Karma habe ich abzutragen? Warum nur, und wo gibt es eine Gerechtigkeit?

Zum Trost sei gesagt, bevor Sie sich auf dieser Erde inkarnierten, wußten Sie um Ihr Leben und Ihren Beitrag zum Allgemeinwohl. Sie sind diese Aufgabe freiwillig angetreten, denn Sie wollten sich weiterentwickeln und vielleicht auch etwas Besonderes leisten. Sie haben gewählt zu leben, hier und jetzt in unserer Zeit, und es war Ihre freie Entscheidung. Und es sollte auch nicht vergessen werden, daß es möglich ist, jederzeit sein Leben zu ändern und bewußt den gewählten Weg zu gehen. Sie werden gebraucht, denn sonst wären Sie nicht hier.

In dem Kartenblatt der Mlle Lenormand sind einige Karten enthalten, die es dem Fragenden ermöglichen, nicht nur normale alltägliche Antworten zu erhalten. Sehen Sie sich dazu die magischen, spirituellen Karten näher an.

Magische und esoterische Karten

6 Wolke
8 Sarg
16 Sterne
31 Sonne
32 Mond
34 Fische
36 Kreuz

Diese Karten geben Ihnen speziell Auskünfte über den metaphysischen Bereich. Sie ersehen, ob Sie schon einmal gelebt haben und wo, ob diese Verbindung, in der Sie gerade sind, eine alte oder neue Verbindung ist und was Sie verbindet. Sie erfahren, was Ihre Aufgabe beinhaltet und noch so vieles mehr. Je näher diese beziehungsweise eine Karte bei der Personenkarte liegt, desto eindeutiger ist sie zu verstehen. Die spirituellen Aussagen dieser Karten verwenden Sie bitte überwiegend bei spirituell gestellten Fragen. Sie sind nicht absolut für den täglichen Bereich geeignet, obwohl manche Aussage auch da zum besseren Verständnis dienen würde.

Karte 6 Wolke: Zwischenleben
Damit können Sie in Erfahrung bringen, ob zum Beispiel Ihre Lieben sich bereits wieder inkarniert haben, ins Licht gegangen sind oder sich

noch im Übergangsstadium befinden. Auch verweist diese Karte auf parallele Welten, Dimensionen hin.

Personenkarte + dunkle Seite der Wolke

bedeutet: noch Schwere, Erdgebundenheit, Trägheit, begreift noch nicht, daß es keinen irdischen Körper mehr gibt. Ist noch an dunklen Orten. Todesfall entweder im Rauschmittelzustand, wie Rauschgifte, starke Narkotika, Alkohol, oder festklammern an irdischen Gütern. Die rechts daneben liegende Karte gibt den detaillierten Aufschluß.

Personenkarte + helle Seite der Wolke

bedeutet: absolut undurchsichtige Situation, schwebt zwischen den Reichen, findet noch nicht die rechte Zuordnung, obwohl das Licht in der Nähe ist. Undurchsichtiges Zwischenleben, lange Inkarnationspausen. Hier gibt die links daneben liegende Karte den näheren Hinweis.

Karte 8 Sarg: Todesart, Träume

Diese Karte deutet auf die Todesart in Ihren vergangenen Inkarnationen hin. (Oftmals verspüren Menschen diffuse, undefinierbare Ängste, Panikattacken oder regelrechte Schmerzen in irgendwelchen Situationen, die sie weder zuordnen noch deuten können. Das ist im karmischen Zeitgeschehen zu suchen. Manchmal ist es äußerst hilfreich, eine Todesart oder ein anderes schlimmes Ereignis zu ergründen. Allein die Kenntnis reicht, um zu wissen, daß es im Hier und Jetzt keine Gültigkeit hat.)

Sollten Sie diese Fragen an die Karten haben, so beachten Sie bitte die beiden linken Karten neben dem Sarg. Finden Sie zum Beispiel die Sense daneben, so verweist dies auf einen gewaltsamen Tod. Die nächste linke Karte würde den Körperteil bezeichnen, an dem die Verletzung ausgeführt wurde.

Handelt es sich um eine Partnerschaft oder Bekanntschaft, in der Sie das Gefühl haben: wir sind schon seit Urzeiten verbunden, dies ist nicht unser erstes Leben zusammen. Sollte hier der Sarg liegen, so ist sicher, daß Ihre Verbindung damals durch den Tod getrennt wurde. Jedoch werden Sie sich in den nachfolgenden Inkarnationen wieder treffen und verbinden.

Karte 16 Sterne: Klarheit, Hellsichtigkeit

Liegen die Sterne und die Sonne neben der Personenkarte, so sind Sie klar und haben die Fähigkeit des Hellsehens. Sie sind sehr medial veranlagt.

Finden Sie zu den Sternen die Sonne, so ist Ihr 3. Auge geöffnet. (Auch wenn Sie es nicht wissen, vielleicht erkennen Sie an einer besonderen Begabung im künstlerisch-kreativen Bereich.) Diese Fähigkeit haben Sie nicht in diesem Leben erworben, sie stammt aus alten Zeiten, in denen es noch Hohepriester, Magier, Hexen und Zauberer gab.

Liegen Sarg und Sterne zusammen, so geschehen auch in Ihrem jetzigen Leben prokognitive Träume, die Ihnen die Ereignisse der Zukunft zeigen.

Karte 31 Sonne: Leben, Energie, Fähigkeiten

Liegt die Sonne links neben der Personenkarte, so haben wir einen begnadeten Menschen vor uns. Es ist soviel Energie und Lebenskraft vorhanden, und die spirituelle Seite wird nahtlos in das tägliche Leben eingebracht. Es sind Menschen, denen einfach alles gelingt, die Erfolg haben und ihn auch genießen können. Da die Sonne die höchste Energiequelle (Licht, Gott) darstellt, verbindet sie alle anderen Elemente der esoterischen, spirituellen Karten in sich. Diese Menschen können sowohl im esoterischen Bereich wie im normal geschäftlichen Bereich Großes vollbringen, da die Elemente im Ausgleich sind.

Liegen zum Beispiel die Ruten rechts neben der Personenkarte, so gilt dies in diesem Fall als Einheit: Sonne + Ruten bedeuten heilen zu können. Sie können davon ausgehen, daß Menschen mit dieser Konstellation schon sehr viele Inkarnationen durchlaufen haben, um sich zu vervollkommnen.

Karte 32 Mond: Zeit-Rückblick

Kommt der Mond links neben Ihrer Personenkarte zu liegen, so besitzen Sie auch im jetzigen Leben die Fähigkeit, in der Akasha-Chronik zu lesen. Sie sind in der Lage, in und durch die Zeit bis an den Beginn der Ewigkeit zu sehen. Diese außergewöhnlichen Fähigkeiten, Details genauestens wahrzunehmen, erstaunt Sie meistens selbst, oftmals wollen Sie es nicht glauben, und tun es einfach ab. Ihnen sind keine anderen Universen und Dimensionen fremd, doch manchmal empfinden Sie es als Science-fiction. Später wundern Sie sich, wenn Sie es in einem Buch nachlesen, daß Sie es eigentlich im Grunde wußten. Ihre Intuition ist sehr stark ausgeprägt, und die meisten Ihrer Sinne funktionieren besser als bei dem normalen Menschen. Es ist auch kein Wunder, denn das alles haben Sie sich bereits in Vorleben erarbeitet. Für sich selbst haben Sie erkannt, daß alles, was ist, eins ist, also ein Ganzes. Geben Sie nur Auskünfte über spirituelles Wissen, wenn Sie darum gebeten werden, denn die meisten Menschen können Sie noch nicht verstehen. Die wirkliche Anerkennung, die Sie benötigen, können Sie von den anderen Menschen kaum erhalten. Achten Sie auf sich selbst, schaffen Sie sich irdischen Ausgleich, möglichst durch Sonne und sportliche Aktivitäten, sonst leidet Ihre Seele.

Liegt der Mond nicht links neben der Personenkarte, so gibt es noch keinen Rückblick über Zeiten, doch der Zugriff auf das Unterbewußtsein funktioniert trotzdem sehr gut. Es sind Menschen, welche oft sagen, Sie wissen es ganz einfach, können nicht sagen woher, warum und wieso.

Karte 34 Fische: Seele

Wenn die Fische neben Ihrer Personenkarte zu liegen kommen, so benötigen Sie immer eine zweite Karte dazu, die Ihnen die Auskunft erteilt, was nun mit Ihrer Seele sei. Wie es Ihr gerade geht oder ob sie weint oder lacht, immer sagt Ihnen dies die nächste Karte.

Auf alle Fälle sei gesagt, auch wenn die Sonne, der Anker oder sonst eine stabile Karte daneben liegt, so ist es nicht von Dauer. Ihr Befinden drückt sich über Ihre Seele aus. Es braucht keinen äußeren Anlaß zu haben, und Sie sind schlecht gestimmt, oder umgekehrt, Sie haben gerade Ihren Job verloren und sind gar nicht traurig. Vor zwei Tagen war es für Sie noch eine Katastrophe.

Seien Sie sich sicher, daß Sie eine Inkarnation gewählt haben, in der sich Ihre Seele ausdrücken möchte. Erlauben Sie es ihr, damit kommen Sie nicht nur im spirituellen, sondern auch in alltäglichen Bereichen am besten voran. Achten Sie auf sich, ein ausgewogenes Leben zu führen, nicht zuviel Streß, nicht zuviel Hektik, aber vermutlich haben Sie das, denn sonst würde die Seelenkarte nicht neben Ihrer Person liegen.

Mit großer Wahrscheinlichkeit ist eines Ihrer letzten Leben von Konventionen und starrem Dogma dominiert gewesen, und Sie haben sich in dem Zwischenreich vor Eintritt in dieses Leben vesprochen, diesmal mehr auf die Wünsche der Seele zu achten.

Diese Karte in spirituellen Fragen ist als Warnung anzusehen. Tagträume von Dingen, die Ihnen Spaß machen und die Sie gerne umsetzen würden, sind fast immer die Wünsche unserer Seele. Wir haben uns alle vor Eintritt in diese Inkarnation verpflichtet, unsere Seele, unser Inneres, unser göttliches Selbst zu ehren, zu achten und zu lieben.

Karte 36 Kreuz: Karma, Verbundenheit

Ja, dieses Karma ist wirklich ein Kreuz, das wir Menschen alle freiwillig tragen, auch wenn manche sagen, man könne so einfach »mir nichts, dir nichts« aus diesem Rad des Karmas aussteigen. Großer Irrtum! Denn solange wir denken und unsere Gedanken nicht kontrollieren können, solange schaffen wir neues Karma, denn auch gedankliche Taten sind Taten, für die wir die Verantwortung übernehmen müssen. (Unterbewußt laufen ca. 95 bis 97 Prozent Gedanken, die wir nicht einmal kennen. Und was machen wir Menschen, wir jammern über unser ach so ungerechtes Leben.)

Liegt das Kreuz vor der Personenkarte, erkennen Sie mit der davor liegenden Karte die augenblickliche Belastung beziehungsweise die Belastung des befragten Zeitpunktes. Liegt das Kreuz rechts neben der Personenkarte, so ist die Angelegenheit zumindest nicht schon karmisch verstrickt, sondern vielleicht nur irdisch, noch ohne kausale Wirkung. Liegen Sense + Sarg + Kreuz in dieser Reihenfolge, so deutet es auf einen gewaltsamen Tod aufgrund einer Ideologie, Gläubigkeit oder Religion in einer vergangenen Inkarnation hin.

Das steht in diesen Aussagen auch für Verbundenheit, astrale Nabelschnur, mit Ring zusammen, in einer immer wiederkehrenden Zeitschleife.

Magische und esoterische Karten in Kombinationen

Reiter Karte 1

1 Reiter + 16 Sterne	Astralreisen

Wolke Karte 6

6 Wolke dunkle Seite + 31 Sonne + 8 Sarg	schwarze Magie
6 Wolke + 31 Sonne	negative Beeinflussung
6 Wolke + 32 Mond	negative geistige Führer
6 Wolke + 32 Mond + 8 Sarg	geistesgestört, Besessenheit

Sarg Karte 8

8 Sarg + Sense Personenkarte	gewaltsamer Tod
8 Sarg + 16 Sterne + Personenkarte	prokognitive Träume
8 Sarg + 16 Sterne	geistige Wahrnehmung getrübt

Fuchs Karte 14

14 Fuchs + 32 Mond + 12 Eulen + 11 Ruten	jemand, der Stimmen hört, die andere nicht hören

Sterne Karte 16

16 Sterne + Sonne + Personkarte	3. Auge geöffnet, Hellsehen
16 Sterne + 13 Kind	Geistwesen, Gnome, Schutzgeister
16 Sterne + 21 Berg	Geistführer
16 Sterne + 31 Sonne + 6 Wolken	Astralwelten
16 Sterne + 36 Kreuz	Das höchste was man in der jetzigen Inkarnation erreichen kann

Sonne Karte 31

Personenkarte + 31 Sonne	Leben, Energie, begnadet sein
31 Sonne + 6 Wolke oder 31 Sonne + 16 Sterne	weiße Magie
31 Sonne + 8 Sarg + 6 Wolke	schwarze Magie (negatives, geistiges Gedankengut)
31 Sonne + Personk. + 11 Ruten	heilen können

Mond Karte 32

32 Mond + Personk.	lesen in der Akasha-Chronik

Kreuz Karte 36

11 Sense + 8 Sarg + Kreuz + Personk.	gewaltsamer Tod durch Ideologie

»Schwarze Magie«, ihre Bedeutung

Zum näheren Verständnis sind hier Beispiele über schwarze und weiße Magie behandelt. Magie an sich ist neutral, weder gut noch schlecht. Sie ist!

Doch was das einzelne Individuum damit macht, bleibt jedem selbst überlassen. Wir können hier nur hoffen, daß alle Gedanken, Wünsche und Taten der magisch praktizierenden Menschen gut und edel sind, damit sie den Frieden und die Liebe zueinander vermehren.

Sarg und Sterne

Liegt der Sarg bei den Sternen, ist die geistige Wahrnehmung getrübt, es handelt sich um eine mental verursachte Störung. »Schwarze Magie« oder zumindest negative Beeinflussung wird vorgenommen.

Sollte es sich um die geistige Anwesenheit Verstorbener handeln, die durch Träume oder Botschaften versuchen, Einfluß auf die betreffende Person zu nehmen, sollte der Fragende genau zuhören, was man ihm mitzuteilen versucht. Es könnte sich um wertvolle Hinweise handeln.

Sind es keine negativen geistigen Einflüsse von außen, kann die betreffende Person auch negativ denken – bzw. sich immer wieder auf Ärgernissen festsetzen –, mit vergifteten Gedanken herumlaufen.

Sonne – Sarg – Wolke oder Wolke – Sonne – Sarg

Wenn Sonne und Sarg und Wolke nebeneinander liegen, kann es sich um »schwarze Magie« handeln, bzw. Empfänger wird mit äußerst negativem Gedankengut bombardiert.

Dazu sehen Sie sich bitte die Afrika-Kombination an: Farbe Schwarz, heiße Länder (Sonne) und die dort üblichen magischen, auch schwarzmagischen Rituale; dies betrifft weitgehend alle Länder, die unterhalb des Äquators sind, wie Lateinamerika, Südamerika, Afrika, Orient, Südost-Asien. Wirkliche/echte schädliche Magie, ja, die gibt es, aber seltener, als man uns das zu glauben machen versucht. In unseren Breitengraden finden sich nur sehr selten echte Könner, die bereit sind, anderen zu schaden. Schon allein aus diesem Grund haben wir auch kaum etwas zu befürchten, wenn uns z. B. jemand verflucht oder mit einem angeblichen Bann belegt. Dies ist keine wirkliche Magie, es sind nur Haß, Wut und die Ohnmächtigkeit, nicht mit dem Betreffenden klarzukommen, und das gab es schon immer.

Bitte bedenken Sie, nicht alles, was als »schwarze Magie« bezeichnet ist, ist wirklich schwarze Magie. Des öfteren schaffen sich Menschen unbewußt ihre eigene »schwarze Magie« und ihre eigene Hölle, durch Haß, Wut, Neid, Mißgunst und paranoide Ängste. Es ist leicht, nach einem Schuldigen zu suchen, denn es gibt immer jemanden, mit dem man nicht gut Freund ist. In den Karten zeigt sich dann »schwarze Magie«, die sich gegen den Fragesteller wendet.

Sofern der Betroffene keine Schuldzuweisungen an andere verteilt, – keine eigenen Anteile wie Wut, Haß, Neid, Aggressionen und Ängste verspürt – und über die sogenannte Magie lachen würde, so würde er keinerlei Schaden erleiden. Die magische Handlung würde auf den Verursacher zurückfallen. Demzufolge gäbe es nichts zu befürchten.

Bleiben Sie vorsichtig und skeptisch, wenn solche Kombinationen im Kartenblatt liegen. Ist es für Sie selbst ausgelegt, so haben Sie ja genügend Zeit, sich damit zu befassen und auch sich selbst zu überprüfen. Anderen Menschen gegenüber sollten Sie diesbezüglich zur Aufklärung verhelfen. Gehen Sie behutsam damit um, und verschaffen Sie sich entsprechende Kenntnisse. *Es gibts nichts zu befürchten!*

»Weiße Magie«, ihre Bedeutung

Weiße Magie, nichts einfacher und alltäglicher als sie. Menschen gehen jeden Tag in selbstverständlichster Art und Weise damit um. Doch den meisten ist es gar nicht bewußt, wie sie Tag für Tag rituelle Handlungen vollziehen.

Schauen wir uns einen dieser ganz normal ablaufenden Tage an. Morgens stehen Sie auf, schalten das Radio ein, vielleicht kochen Sie Kaffee, gehen ins Badezimmer, duschen sich, putzen sich die Zähne und grinsen sich im Spiegel an. Es ist tagein, tagaus das gleiche Spiel, welches sich ständig wiederholt. Ach ja, und wenn Sie aus dem Haus gehen: »Tschüs, mein Schatz, bis heute abend.« Ja, kommt Ihnen das bekannt vor? Wenn ja, so praktizieren Sie jeden Tag Magie, ob weiß oder schwarz hängt von Ihren Gedanken und Ihrer Einstellung zu sich und anderen ab.

Magie ist nichts, wovon sich der aufgeklärte moderne Mensch fürchten müßte. Sehen Sie einfach in die Vergangenheit und in das Jetzt. Betrachten Sie zum Beispiel die traditionelle Krönung eines Königs – eine Zeremonie, ein Ritual, eine magische Handlung, oder nehmen Sie einen Gottesdienst oder ein Staatsbankett. Alles und jedes steckt voller magischer Handlungen, auch unser aller Leben. Tun Sie, was Sie bisher getan haben, wünschen Sie allen Menschen nur das Beste, wiederholen Sie es oft, denn damit praktizieren Sie die weißeste Magie, die es nur gibt. Dadurch sind Sie behütet und beschützt, umfangen von der Liebe und der Rüstung Gottes und gefeit gegen jedes Unheil.

Diese Zeilen sollen nur als kleiner Beitrag zur Erläuterung der Aussagen dienen. Ich für meinen Teil distanziere mich von aller Magie, die zur Manipulation für andere ausarten könnte.

Karten-Kombinationen

Reiter – Nr. 1
♥ 9
in Verbindung mit

Klee	Glücksbote
Schiff	Aufbruch, sich auf den Weg machen
Haus	Nachricht, freudige Botschaft ins Haus
Haus + Sense	Gerichtsvollzieher
Baum	vorwärtskommen im Leben
Wolke	Elan, um Unklarheiten zu beseitigen
Schlange	ein Vorwärtskommen auf Umwegen
Sarg	im Weiterkommen festgefahren, Ruhephase, vorübergehende Pause
Blumen	Ankunft, erfreulicher Besuch, Blumenbote, Geschenk
Sense	spontane, plötzliche Unternehmungen, plötzlicher Besuch
Ruten	Gespräche und Verbindungen herbeiführen, Diskussionen, Kontakte
Eulen	Entscheidungen für zwei Richtungen, unsichere Nachrichten, da zwei Möglichkeiten
Kind	Neuigkeiten überbringen
Fuchs	falsche Nachricht; Nachrichten, die mit Vorsicht zu genießen sind, falscher Gedankengang
Bär	Nachricht von älterer Person
Sterne	Astralreisen, Unternehmungen oder Kontakte, die nachts ausgeübt werden
Störche	Wege, Wanderungen, Sportarten mit verschiedenen Möglichkeiten, Änderung des Zieles
Hund	Freund, gemeinsame Unternehmungen
Turm	Unternehmungen, vom Standort weggehen, Gedanken an Trennung

Park	unterwegs zu einer großen Gesellschaft	Mond	Unternehmungen in den Abendstunden
Berg	es geht aufwärts, den Blockaden wird der Rücken zugekehrt, vorwärtskommen, durchkommen, höherer Gewalt entkommen	Schlüssel	Nachrichten sind hundertprozentig sicher (siegessicher)
		Fische	Geld kommt, positive Geldangelegenheiten
Wege	den richtigen Weg einschlagen		
Mäuse	Müll, allem negativen den Rücken zudrehen und beschwingt vorwärtskommen	Anker	feste Verbindung, Festigkeit ist gewiß
		Kreuz	Kummer
Herz	leichten Herzens vorangehen		
Ring	man kommt aus einem wie in Ketten gelegten Ereignis heraus (z. B. Gefängnis)		
Buch	Dokumente, Papiere in Bewegung bringen, aber noch kein Abschluß		
Brief	schriftliche Nachrichten		
Herr	jüngerer Mann, immer sportlich aktiv, selbstbewußt		
Dame	sportlich aktiv, selbstbewußt		
Lilie	familiäre Unternehmung		
Sonne	Kraft, Energie im Rücken und warme Gedanken		

Klee – Nr. 2

♦ 6

in Verbindung mit

Reiter	Glücksgedanken, kleines erfreuliches Ereignis
Schiff	kurze Reise, Ausflug nicht weit entfernt
Haus	Glück im Haus, freudige Botschaft, Nachricht ins Haus
Baum	neues Lebensglück
Wolke	glückliche Wende, negative Dinge ziehen ab
Schlange	glückliche Wende nach langen Irrwegen
Sarg	positive, kurze Ruhephase, müde, schlapp, Unwohlsein
Blumen	Freude
Sense	plötzliches Glück
Ruten	Diskussionen, schnelle Gespräche
Eulen	kurz hintereinander auftretendes Glück
Kind	kleines Glück
Fuchs	falsches Glück
Bär	sich kurzfristig diplomatisch verhalten
Sterne	Astralreisen
Störche	glückliche Veränderung
Hund	kurze Freundschaft
Turm	Grenzen gesetzt, Einhalt geboten
Park	kurzfristige Einladung (Gesellschaft)
Berg	kurzfristige Blockade
Wege	kurze Wege
Mäuse	Ärger
Herz	Freude in Herzensdingen
Ring	kurze Verbindung
Buch	ein erfreuliches Geheimnis
Brief	kurzer Kontakt

Herr	kurzfristiges, bevorstehendes Ereignis		**Schiff** – Nr. 3
Dame	kurzfristiges, bevorstehendes Ereignis		♠ 10
Lilie	glückliche Familie		in Verbindung mit
Sonne	kurze Kraft, Energie		
Mond	kurze Anerkennung		
Schlüssel	kurzfristige Zeitbestimmung		
Fische	kurzfristiges Geld	Reiter	Schiffahrt mit Unternehmungen an Land
Anker	kurze Arbeit	Klee	Reise in Kürze
Kreuz	glücklicher Abschluß	Haus	Heimreise

Baum	Lebensreise, schicksalhaft
Wolke	undurchsichtige Reise
Schlange	Reise mit Umwegen, Verzögerungen
Sarg	Reise ruht, späterer Zeitpunkt
Blumen	Reisefreude, nette Reisegesellschaft
Sense	Reiseaufregungen
Ruten	Reisegespräche

Eulen	doppelte Reise (Hin- u. Rückfahrt)	Herr	Partner lebt weiter weg, muß nicht immer Ausland sein
Kind	Reise, klein und ohne Ziel	Dame	(siehe Herr)
Fuchs	Reiseverlust, Fehlschlag	Lilie	Reise mit Familie
Bär	beschwerliche Reise	Sonne	Reise in den Süden
Sterne	Reise in den Norden, auch Schutzgeist	Mond	Reise, die Erfolg bringt, positive Reise
Störche	Reiseveränderung	Schlüssel	Reise mit Gewißheit
Hund	Reise zu Freunden, Reisefreundschaft	Fische	Reise, die mit Geldgeschäften zu tun hat
Turm	Reise bis zur Grenze	Anker	Reise, die mit dem Beruf zu tun hat, Reisebüro
Park	Reisegesellschaft	Kreuz	Reise, die schicksalhaft ist, karmische Reise
Berg	Reiseblockade		
Wege	Reisewege in verschiedene Richtungen		
Mäuse	Reiseverlust		
Herz	Reise, an der das Herz hängt, Liebesreise		
Ring	Rundreise		
Buch	Reise, die im geheimen liegt, Reisegewinn		
Brief	Nachricht aus der Ferne		

Haus – Nr. 4
♥ König
in Verbindung mit

Reiter	Gestüt, Reitstall
Klee	bringt Glück ins Haus
Schiff	Hausboot
Baum	stabile Gesundheit
Wolke	Gewitterwolken ziehen ab
Schlange	Haus auf Umwegen (je nach Umfeld zu beurteilen)
Sarg	Altenheim
Blumen	Gesellschaft, erfreuliches Fest im Haus
Sense	Aufregungen rund ums Haus, Haus ist belastet, Zwangsräumung
Ruten	Wechsel des Hauses
Eulen	zweite Wohnung, Schwankungen, Unsicherheiten, was das zweite Haus anbelangt
Kind	neues Haus
Fuchs	Vorsicht, was das Haus betrifft, falsches Haus
Bär	Stabilität, altes Haus; Haus, das auf dem Berg steht
Sterne	positives Haus
Störche	im Haus Veränderungen vornehmen, Umzug
Hund	diesem Haus können Sie vertrauen, Sie sind gut aufgehoben
Turm	fern vom Haus, ausgesperrt
Park	großes Haus, Hochhaus; Haus, das für die Öffentlichkeit zugänglich ist
Berg	Hausblockade, Besetzung
Wege	Probleme und Schwierigkeiten bleiben vor dem Haus
Mäuse	Hausverlust
Herz	Haus mit Herz

Ring	Hausverbindung, stabile Lebensverbindung		**Baum** – Nr. 5
Buch	Hausdokumente		♥ 7
Brief	eigenes Haus (verbrieftes Haus), flaches Haus, Bungalow		in Verbindung mit
Herr	Hausmeister, Hausherr		
Dame	Hausfrau		
Lilie	Familienbesitz		
Sonne	Sommerhaus	Reiter	Lebenselan
Mond	Haus der näheren Umgebung	Klee	Lebensglück
Schlüssel	Eigentum mit Gewißheit, fertiges Haus	Schiff	Lebensschiff
Fische	Haus steht auf Wasseradern, Geldhaus (Bank)	Haus	Verwurzelung mit dem Haus, Heimat
Anker	Hausarbeit, fest verankert mit dem Haus	Wolke	dunkle Wolke: Krankheit helle Wolke: Krankheit geht schnell vorbei
Kreuz	Krankenhaus, karmisches Haus	Schlange	Befreiung aus Zwängen
		Sarg	Krankheit durch seelische Belastungen, die zum körperlichen Kranksein führt
		Blumen	Lebensfreude
		Sense	Lebensgefahr

Ruten	Lebensgespräche, Therapie	Brief	Lebensnachricht
Eulen	Menschen mit vielen innerlichen Schwankungen	Herr	Lebenspartner
		Dame	Lebenspartnerin
Kind	neuer Lebensabschnitt	Lilie	starke Verbindung zur Familie
Fuchs	wissend falsches Leben leben	Sonne	stabile Gesundheit
Bär	altes Leben	Mond	Neigung zu Depressionen
Sterne	mediales Haus	Schlüssel	Lebensbestimmung
Störche	Lebensveränderung	Fische	Wassersucht, Angelegenheit ist verschwommen
Hund	lebenslange Freundschaft		
Turm	Einsamkeit	Anker	Lebensberuf
Park	stabiles Leben in der Öffentlichkeit	Kreuz	Tod kommt mit Sicherheit, kann noch über fünf Jahre dauern
Berg	hindernisreiches Leben, Lebensblockade		
Wege	längerer Zeitraum, zwei bis unendlich viele Jahre		
Mäuse	Krankheit, aber nicht durch die Seele		
Herz	Lebensfreude		
Ring	Lebensbindung		
Buch	Lebensgeheimnis		

Wolke – Nr. 6
♣ König
in Verbindung mit

Reiter	Unklarheiten in Unternehmungen
Klee	kurzfristige Unklarheiten, Negatives nur vorübergehend
Schiff	Reise, die noch im dunkeln liegt
Haus	Haus, das im Schatten liegt
Baum	kränkeln
Schlange	Selbstmordgefahr, Verlust, negativer Einfluß
Sarg	Krankheit zieht sich hin
Blumen	Gewächs, Ergebnis unklar
Sense	negative Überraschung
Ruten	undurchsichtige Gespräche, Mißtrauen ist angebracht
Eulen	Unklarheiten in Richtungsfindungen
Kind	Abtreibung
Fuchs	gespaltene Persönlichkeit, Vorsicht vor ihm oder ihr, Hals- Atem- Mandelerkrankung
Bär	schwankende Stabilität
Sterne	astrale Welten
Störche	negative Veränderung
Hund	undurchsichtiger Freund, Verlust einer Freundschaft
Turm	dunkle Wolke: es sind Grenzen gesetzt
Park	zwielichtige Gesellschaft
Berg	undurchsichtige Hindernisse
Wege	unklare Entscheidung, undurchsichtige und unklare Wege
Mäuse	schwere Krankheit
Herz	Liebeskummer, Instabiliät im Herzen
Ring	unklare Verbindung
Buch	undurchsichtig, verschlossen

Schlange – Nr. 7
♣ Dame
in Verbindung mit

Brief	trübe und undurchsichtige Nachricht
Herr	undurchsichtige Beziehung, die nicht zu durchschauen ist
Dame	undurchsichtige Beziehung, die nicht zu durchschauen ist
Lilie	unklare Familienverhältnisse, sexuelle Krankheiten, Unterleibserkrankungen
Sonne	geschwächte Energie
Mond	persönliche Schwankungen
Schlüssel	unselbständig, Unsicherheit
Fische	Undurchsichtigkeit mit Geld, negative Geldangelegenheiten
Anker	arbeitslos, Unklarheiten im Beruf
Kreuz	Krebsgefahr, Diagnose unsicher
Reiter	ein Vorwärtskommen auf Umwegen, Gedanke an eine weibliche Person
Klee	unklare Verkettungen
Schiff	Reise, die sich verzögert (Stau)
Haus	auf Umwegen nach Hause gelangen
Baum	Wirbelsäule, Darm
Wolke	Frau mit negativer Ausstrahlung
Sarg	Stillstand
Blumen	Frauengesellschaft; eine Frau, die noch jung ist, aber nicht zu unterschätzen gilt
Sense	Unfallgefahr im Bereich von Kurven, gefährliche Frau

Ruten	falsche Gespräche	Buch	Verschwiegenheit
Eulen	redegewandt	Brief	Nachricht auf Umwegen
Kind	Naivität wird aufgehoben	Herr	falsche Frau
Fuchs	eine Frau, der man vertrauen kann	Dame	Freundinnen
Bär	Stabilität auf Umwegen erreichen	Lilie	verwickelte familiäre Beziehung
Sterne	Klarheit kommt durch Umwege zustande	Sonne	auf Umwegen kommt Kraft und Energie
Störche	eine Veränderung zieht sich hinaus	Mond	Anerkennung
Hund	eine Freundschaft, die nicht von Dauer ist	Schlüssel	Verwicklungen sind gewiß
Turm	mit Umwegen bis zur Grenze kommen	Fische	Geld hin und her lancieren (durchmogeln in Finanzen)
Park	Dinge, die sich durch die Öffentlichkeit in die Länge ziehen	Anker	mit Intelligenz und Raffinesse, die Dinge sichern, verankern
Berg	trotz Umwegen blockiert	Kreuz	Belastungen, Kummer
Wege	den angebotenen Alternativen aus dem Weg gehen		
Mäuse	von Ängsten aufgefressen werden		
Herz	herzlicher Damenbesuch		
Ring	Verbindung, die kaum zu lösen ist		

Sarg – Nr. 8
♦ 9
in Verbindung mit

Reiter	Unternehmungen ruhen
Klee	kurzfristige Pause
Schiff	die Reise ruht
Haus	Krankheit im Haus
Baum	müde, schlapp
Wolke	Krankheit löst sich auf
Schlange	materiell eingestellt (auf Erbschaft bedacht)
Blumen	Heilung
Sense	plötzlich
Ruten	Unterbrechung, Trennung
Eulen	doppelter Verlust
Kind	direkt vor einem Neubeginn
Fuchs	begriffsstutzig, man schaut in nichts hinein, aufrichtiger Mensch
Bär	abwarten
Sterne	mediale Eingebungen
Störche	Veränderung steht an
Hund	eine Freundschaft ruht
Turm	isoliert sein, Trennung
Park	stillgelegtes Gebäude
Berg	Genesung blockiert
Wege	Venenerkrankung
Mäuse	Krankheit löst sich auf, Magen-, Darmerkrankung
Herz	Liebeskummer, Herzkrankheit, kann auch seelisch bedingt sein
Ring	Tod der Ehe, Witwenschaft, auch seelische Auflösung (Scheidung), Lebensbindung geht zu Ende
Buch	eine Krankheit, die keine ist
Brief	Krankschreibung, Befund
Herr	die Ohnmächtigkeit löst sich auf

Dame	Frauenkrankheit
Lilie	Kummer in der Familie
Sonne	geschwächte Energie
Mond	Erfolglosigkeit
Schlüssel	unfähig, nach vorne zu gehen; nichts geht mehr, festgefahren
Fische	Geld kommt zurück, das bereits als verloren galt
Anker	Totengräber
Kreuz	totaler Verlust (kein Tod)

Blumen – Nr. 9
♠ Dame
in Verbindung mit

Reiter	erfreuliches Ereignis, entgegengehen, Einladung, schönes Geschenk
Klee	Freude, Glück, Geschenk
Schiff	erfreuliche Reise
Haus	Freude im Haus
Baum	spontane Freude
Wolke	Erfreuliches taucht auf
Schlange	naive Frau
Sarg	Krankenschwester
Sense	plötzliche freudige Überraschung
Ruten	erfreuliche Gespräche, Gratulation

Eulen	doppelte Einladung	Herr	dieser Mann gehört Ihnen nicht allein
Kind	sehr junges Mädchen	Dame	nette Dame
Fuchs	falscher Name, Tratsch, Geschwätz	Lilie	Familienfeier
Bär	gutgesinnter Mann in einer höheren Position	Sonne	erfreuliche Entwicklung
Sterne	Entwicklung zur Spiritualität	Mond	Wachstum zum Medium
Störche	erfreuliche Ortsveränderung	Schlüssel	eine Überraschung mit Gewißheit
Hund	nette Freundschaft	Fische	Freude über ein wertvolles Geschenk
Turm	Heilpraktiker	Anker	erfreuliche Verbindung
Park	Gartenschau, Vernissage	Kreuz	eine Freude, die eine schwere Bürde trägt
Berg	Gewächse – Auswucherungen am Kopf		
Wege	es gibt Auswege		
Mäuse	man kann nichts aufhalten		
Herz	erfreuliche Dinge, die einem am Herzen liegen		
Ring	Verlobung		
Buch	ein erfreuliches Geheimnis, von dem man noch nichts weiß		
Brief	erfreuliche Nachricht, Geschenk ohne materiellen Wert		

Sense – Nr. 10
♦ Bube
in Verbindung mit

Reiter	freudiger Schrecken, plötzliche Nachricht
Klee	kurzer Schrecken
Schiff	Reise mit Auto oder Flugzeug, nie Zug
Haus	Haus in Gefahr, Zwangsräumung
Baum	plötzlicher Schicksalsschlag, hohe Lebensgefahr
Wolke	Unklarheiten lösen sich plötzlich auf
Schlange	Motor, schleudern, Kurbeln, Kupplung, Gefahrenbereich in Kurven
Sarg	kranker Kopf, Spritzen
Blumen	Freudenschreck, plötzlich
Ruten	scharfe Gespräche, scharfe Zunge
Eulen	plötzliche Schwankungen, Ärger
Kind	kleine Gesellschaft, auf die man aufpassen muß
Fuchs	doppelte Gefahr, absolute Falschheit, Halsentzündung
Bär	gefährliche Leidenschaft
Sterne	Hellsehen mit Vorsicht, da Gefahr der Beeinflussung vorliegt
Störche	gefahrvolle Veränderung
Hund	aggressiver Freund
Turm	plötzlicher Zusammenbruch
Park	diese Gesellschaft bringt Gefahr
Berg	Vorsicht: Knochenbruch. Blockade, die man geschickt umgehen muß, ansonsten wird die Passivität zur Gefahr
Wege	gefährliche Wege
Mäuse	angegriffener Magen, Bauchspeicheldrüse
Herz	Eifersucht, Bluthochdruck

Ring	plötzliche Verbindung, gefährliche Verbindung, Gefahr für die Verbindung		**Ruten** – Nr. 11
Buch	plötzliches Geheimnis, Mitwisser		♣ Bube
Brief	anregende Post		in Verbindung mit
Herr	aggressiver Mann, Brutalität		
Dame	aggressive Frau, nervös, Spannungen, Aufregungen, Hektik		
Lilie	Vergewaltigung, plötzlicher und spontaner Sex, scharfer Sex	Reiter	schnelle Gespräche, kurzer Trip, Wanderschaft
Sonne	Explosion, doppelte Verausgabung	Klee	sehr kurzes freudiges Gespräch
Mond	Sadismus	Schiff	Reisegespräche
Schlüssel	plötzliche Gewißheit, Schrecken	Haus	Gespräche im Haus
Fische	Spannungen und kein Verhältnis zum Geld	Baum	langatmige Gespräche
		Wolke	Gespräche lösen Unklarheiten
Anker	Arbeitsstreß	Schlange	Redegewandtheit
Kreuz	plötzliche Auflösung, Verlust	Sarg	sprachlos
		Blumen	höfliche Gespräche, fröhliche Unterhaltung
		Sense	plötzliche Gespräche, Streit
		Eulen	belanglose Gespräche, Schwätzer

Kind	kindliche Gespräche	Herr	aufrichtiger intelligenter Mann
Fuchs	falsche Gelenke, Doppelzüngigkeit, Telefonat, falsche Verbindung	Dame	eine Dame mit vollkommenem Durchblick
Bär	Rechtsanwalt, Moderator	Lilie	Eis mit leichter Schneeschicht, Klarheit im sozialen Bereich
Sterne	geistige Gespräche, Geistanrufung	Sonne	energiegeladene Gespräche
Störche	Gespräche bringen Veränderungen	Mond	Erfolg und Anerkennung bringende Gespräche
Hund	Streicheleinheiten	Schlüssel	Diskussionen und Gespräche mit Gewißheit
Turm	Gerichtstermine, Gerichtsverhandlungen	Fische	linke Niere arbeitet zu schwach, Gespräche über Geld, Diskussionen
Park	öffentliche Gespräche, Vortrag	Anker	Gespräche über Arbeit
Berg	Gespräche sind blockiert, Paß, Grenze	Kreuz	Streitigkeit wird beendet
Wege	Ausreden		
Mäuse	Verlustgespräche		
Herz	Streitgespräche in Herzensdingen, Herzrhythmusstörungen, schwankender Blutdruck		
Ring	Diskussionen, bindungsmäßig		
Buch	Gespräche bringen Klarheit		
Brief	Telegramm, kurzer Anruf, Brief kommt zurück		

Eulen – Nr. 12
♦ 7
in Verbindung mit

Reiter	Zweifel, Schwankungen in Unternehmungen
Klee	kurzfristige Zweifel
Schiff	Hin- und Rückfahrt
Haus	zwei Wohnungen
Baum	zwei Personen, ein Paar, auch Zwillinge
Wolke	Zweifel und Unklarheiten verziehen sich
Schlange	zweifelhafte Angelegenheiten
Sarg	Unsicherheiten verschwinden
Blumen	doppeltes Geschenk
Sense	Zweifel verschwinden plötzlich
Ruten	doppelte Gespräche
Kind	zwei Kinder verschiedenen Alters
Fuchs	Ehrlichkeit, Unsicherheiten lösen sich
Bär	Rollenspiel
Sterne	Tanzen, doppelte Hellsichtigkeit
Störche	Zweifel wegen einer Veränderung
Hund	doppelte Freundschaft, Sorgen um einen Freund
Turm	festgelegte Grenzen
Park	Unsicherheiten in der Öffentlichkeit oder bei einer Behörde
Berg	Unsicherheiten wegen einer Blockade
Wege	Richtungsentscheidung, Auswege suchen, lohnt sich
Mäuse	Sorgen, Zweifel lösen sich
Herz	Herzklopfen, Herzflattern, nervöses Herz
Ring	zwei Verbindungen
Buch	doppeltes Geheimnis (das noch im verborgenen liegt)
Brief	zwei Nachrichten

Herr	Schwankungen den Rücken kehren
Dame	Unsicherheit, Schwankungen
Lilie	zweifelhafte Beziehungen, Unsicherheit in der Familie
Sonne	doppelte Kraft
Mond	doppelter Erfolg, Anerkennung
Schlüssel	Unsicherheiten und Zweifel verschwinden mit Sicherheit
Fische	doppeltes Geld von zwei verschiedenen Seiten
Anker	zwei Berufe, Teilzeit, Nebentätigkeit
Kreuz	Zweifel, Sorgen lösen sich

Kind – Nr. 13

♠ Bube

in Verbindung mit

Reiter	neue Unternehmungen
Klee	kurzes Zusammensein, Geselligkeit
Schiff	kleine erfreuliche Reise
Haus	erfreuliche Gesellschaft im Haus
Baum	neues Leben
Wolke	Neuanfang, Zufriedenheit, Unklarheiten ziehen ab
Schlange	Ohnmächtigkeit hört auf
Sarg	Neuanfang, der noch etwas auf sich warten läßt
Blumen	nette, kleine Gesellschaft, kann auch ein Kinderfest sein
Sense	Aufregungen, welche ein Kind oder den Neubeginn betreffen, lösen sich plötzlich

Ruten	kindliche Gespräche, nettes kleines Gespräch in freundlicher Runde; jemand, der auf der Pupertätsschwelle steht und nicht weiterkommt; Zwillinge, gespaltenes Gemüt, zweigleisig, zwei Leben	Mäuse	kleiner Verlust
		Herz	kindliches Gemüt
		Ring	entwicklungsbedürftige Verbindung, neue Beziehung
		Buch	ein Kind, das ein Geheimnis umgibt, z. B. unbekannter Vater
Eulen	durch Neuigkeiten löst sich Unentschlossenheit auf, und man findet den richtigen Weg	Brief	kleine Nachricht
		Herr	jüngerer Mann
Fuchs	falsches Kind adoptiert, falsches Kind vom Vater, falsche Gesellschaft	Dame	Frau, die mit einem Kind eng verbunden ist
		Lilie	kleine Familie
Bär	kindliches Vertrauen	Sonne	Neuanfang mit sehr viel Kraft und Energie
Sterne	Reinheit, Schutzgeister, kleine Artwesen	Mond	sensibles Kind, medial
Störche	kleine Ortsveränderung	Schlüssel	ein Neuanfang, der mit Gewißheit stattfindet
Hund	Altersunterschied in einer Freundschaft	Fische	kleines Geld, Trinkgeld
Turm	Einzelkind oder großer Altersunterschied zwischen den Geschwistern	Anker	kleine Arbeit
		Kreuz	kleiner Kummer verschwindet, und kleine Sorgen lösen sich
Park	Kindergarten, kleine Gesellschaft in der Öffentlichkeit		
Berg	kleine Hindernisse lösen sich auf, z. B. Sturheit und Dickköpfigkeit		
Wege	kleine Auswege		

Fuchs – Nr. 14

♣ 9

in Verbindung mit

Reiter	Nachrichten, denen man vertrauen kann
Klee	plötzliches Glück
Schiff	positive Reise in Kürze
Haus	positive Verträge und Rechtsangelegenheiten, welche das Haus betreffen
Baum	Lebensgefahr geht vorüber
Wolke	undurchsichtige Machenschaften lösen sich auf
Schlange	falsche Frau, Intrigantin
Sarg	für alles offen sein, falsche Krankheit
Blumen	Aufrichtigkeit, ehrliches Gerede
Sense	Überraschungen, die plötzlich geschehen
Ruten	falsche Gespräche, Rollenspiel
Eulen	doppelzüngige Gespräche
Kind	falsche Fürsorge
Bär	Tiere mit Fell
Sterne	falsche Medikamente
Störche	falsche Veränderung
Hund	total aufrichtiger Freund
Turm	Amtsarzt; Arzt, den man hat, ist der falsche Arzt für die Situation
Park	aufrichtige Gesellschaft
Berg	falsches Denken wird aufgelöst
Wege	auf dem richtigen Weg sein
Mäuse	Vorsicht vor Diebstahl, Vorsicht vor Verlust
Herz	falsche Herzlichkeit, falscher Besuch
Ring	falscher Vertrag, falsche Verbindung
Buch	falsche Dokumente

Brief	ehrliche Nachricht		
Herr	pflegt die Wahrheit zu sagen		
Dame	Lügnerin, falsche Verbindung		
Lilie	falsche Einstellung zur Familie		
Sonne	Kraft, Energie falsch einsetzen		
Mond	falsche Vorstellungen, Wahnvorstellungen		

Bär – Nr. 15

♣ 10

in Verbindung mit

Schlüssel	Fehlschlag
Fische	schlauer Fuchs mit Geldangelegenheiten
Anker	Intrigen am Arbeitsplatz, Spionage
Kreuz	falsche Belastungen, verschwinden

Reiter	Unternehmungen stabilisieren sich
Klee	kurzfristige Stabilität
Schiff	stabile Reise
Haus	stabiles Haus, Geborgenheit
Baum	Standfestigkeit, Halt, naturverbunden
Wolke	fester Standpunkt, läßt Ungereimtheiten oder Unsicherheiten erst gar nicht aufkommen
Schlange	alles stabil und fest, »an einem Strang ziehen«
Sarg	alles stabil, Probleme können einem nichts anhaben
Blumen	charmant und höflich

Sense	plötzliche Standfestigkeit	Buch	Verschwiegenheit in Person
Ruten	Rechtsanwalt	Brief	behördliche Person als Vermittler
Eulen	stabil ohne Beeinflussung, egal in welche Richtung	Herr	Leben wird von einem Elternteil bestimmt
Kind	väterlich	Dame	Leben wird von einem Elternteil bestimmt
Fuchs	Pelze und Felle	Lilie	Familienältester, Familienoberhaupt
Sterne	Geistführer		
Störche	Standort verändern	Sonne	Durchsetzungskraft der Person
Hund	kompromißlose Freundschaft	Mond	führende Person im medialen Bereich
Turm	hochgestellte Persönlichkeit	Schlüssel	der oberste Boß, Chef (Schlüsselgewalt) der das Sagen hat
Park	Schirmherr einer großen Gesellschaft		
Berg	stur, dickköpfig, es gilt nur seine Meinung	Fische	Verwalter, auch Sicherheitsbeamter, auch Verantwortlicher einer Bank oder Institution, die mit Geld zu tun hat
Wege	Kompromißbereitschaft		
Mäuse	Stabilität ist angekratzt	Anker	diplomatischer Beruf
Herz	Neid, Eifersucht in Liebesangelegenheiten, eine leidenschaftliche Liebe	Kreuz	hoher Würdenträger
Ring	falscher Vertrag, falsche Verbindung		

Sterne – Nr. 16
♥ 6
in Verbindung mit

Reiter	mediale Botschaften, die überbracht werden
Klee	kurzfristige Eingebungen
Schiff	mediale Reise
Haus	mediales Haus, auch Medium, Feinfühligkeit
Baum	kühles, der Esoterik geweihtes Leben
Wolke	Gebrauch von Rauschgiften
Schlange	mediale Frau
Sarg	augenblicklich geistig nicht fit, evtl. geistig gestört werden, durch positive oder negative Beeinflussungen aus dem Jenseits. Wenn tote Personen Einfluss üben, dann kann dies auch positiv sein. *Auf Botschaften achten!*
Blumen	Kräuterfrau, die esoterisch wirkt, Hellsichtigkeit
Sense	plötzliches Erkennen
Ruten	Begabung zum Rutengehen, Pendeln
Eulen	klare Aussagen von verschiedenen Medien
Kind	mediale Weiterentwicklung
Fuchs	negative Schwingungen, Schläue, Cleverneß, falsche Medikamente
Bär	Geistführer
Störche	Veränderung ist immer gut
Hund	tiefe Freundschaft, Seelenverwandtschaft
Turm	Arzt
Park	Theater
Berg	Geistführer, Gedächtnisstörung
Wege	klare Wege, Zielvorstellung
Mäuse	Verlust von Klarheit
Herz	tiefe Liebe
Ring	tieferfüllte Verbindung, Verbindung zum Glück

Buch	Geheimnisse vom Unterbewußtsein
Brief	Kontaktaufnahme aus dem Jenseits
Herr	intelligenter Mann, offen, klar, medial
Dame	klare, offene, ehrliche Frau, hellsichtig
Lilie	Treue, Sexualität, klare und ehrliche Beziehung
Sonne	Hellsichtigkeit, 3. Auge
Mond	Telepathie, seelische Übereinstimmung, trotz Abewesenheit
Schlüssel	mediale Begabung
Fische	klare, seelische Verbundenheit
Anker	karmische Verkettung
Kreuz	gute Sachen, klare Sachen, daß was wir erreichen sollen, höchste Geistigkeit

Störche – Nr. 17
♥ Dame
in Verbindung mit

Reiter	Veränderung, Nachrichten kommen aus zwei Richtungen
Klee	Veränderung, die kurzfristig getätigt wird
Schiff	Reisen, die mit dem Flugzeug und dem Schiff vorgenommen werden, auch zwei Umzüge stehen an, einer in der näheren Umgebung, der zweite spätere ist weiter weg
Haus	Umzug, Veränderung liegt im Haus
Baum	Veränderung im Leben kommt noch, wird vom Schicksal bestimmt
Wolke	dubiose, unklare, noch undurchsichtige Veränderungen
Schlange	Veränderung mit vielen Umwegen

Sarg	zur Zeit sind Veränderungen unmöglich	Wege	Veränderung der Wegrichtung, man geht den Weg des geringsten Widerstandes
Blumen	Veränderungen realisieren sich durch Freude	Mäuse	Veränderung bringt einen Verlust
Sense	Ortsveränderung mit Hektik	Herz	Veränderung mit Dingen, die einem sehr am Herzen liegen
Ruten	Gefängnis, Strafe, Gericht		
Eulen	Veränderung, mit zwei vorhandenen Möglichkeiten	Ring	Bindung aus Liebe, Liebesheirat, Ehe
Kind	Schwangerschaft, es kommt noch ein Kind	Buch	Veränderung, die noch im geheimen liegt
Fuchs	etwas zu verändern wäre im Moment falsch	Brief	Veränderungsnachricht
		Herr	ein Mann bringt Veränderung
Bär	Veränderung bringt Halt und Stabilität	Dame	eine Frau bringt Veränderung
Sterne	Veränderung ist immer gut	Lilie	Veränderung, Neubeginn, Familienzuwachs
Hund	Veränderung in Freundschaft zum Positiven	Sonne	kleine Reise in den Süden
Turm	Veränderungen sind Grenzen gesetzt	Mond	Umzug in einen anderen Ort, auch eine Veränderung im Ansehen
Park	Veränderungen erfolgen in dem gesellschaftlichen Rahmen, in dem man sich bewegt	Schlüssel	Veränderung kommt bestimmt
		Fische	positive Veränderung mit Geld
Berg	Veränderungen werden Einhalt geboten	Anker	Veränderung ist fest verankert
		Kreuz	Veränderung, Leidvolles geht zu Ende

Hund – Nr. 18
♥ Herz
in Verbindung mit

Reiter	freundschaftliche Unternehmungen
Klee	kurzfristige Freundschaft
Schiff	freundschaftliche, kameradschaftliche Reise
Haus	Gastfreundschaft
Baum	Freundschaft fürs Leben
Wolke	Beginn einer Freundschaft
Schlange	Freundschaft auf Umwegen
Sarg	kranke Freundschaft
Blumen	sehr guter Freund, Kamerad
Sense	aufregend hektische Freundschaft
Ruten	freundschaftliche Diskussionen
Eulen	belanglose, unentschlossene und wechselhafte Freundschaft
Kind	kindliche naive Freundschaft, jüngerer Bruder
Fuchs	falsche Freundschaft
Bär	Gutmütigkeit, grenzt schon an Trotteligkeit
Sterne	klare, ehrliche geistige Freundschaft
Störche	veränderliche Freundschaft
Turm	egoistische Freundschaft
Park	Freundschaft, die gerne im Mittelpunkt steht
Berg	sture blockierte Freundschaft
Wege	Wegbegleiter
Mäuse	Freundesverlust
Herz	herzliche Freundschaft
Ring	familiäre Freundschaft, Zusammenhalt
Buch	Freundschaft, die geheim bleiben muß

Brief	oberflächliche Freundschaft		**Turm** – Nr. 19
Herr	Freunde		♠ 6
Dame	freundschaftliche Beziehung zu einem Mann, der nicht ihr Ehemann ist, kann auch der neue Mann sein, auch Verwandtschaft		in Verbindung mit
Lilie	familienbezogene Freundschaft		
Sonne	willensstarke, sich durchsetzende Freundschaft, jedoch voller Wärme		
Mond	esoterische Freundschaft, Seelenverbindung	Reiter	entrinnt der Einsamkeit, Freiheit
Schlüssel	eine Freundschaft, auf die man sich hundertprozentig verlassen kann	Klee	Glück in der Abgeschiedenheit
		Schiff	Reisen, ohne die Grenze zu verlassen, Inland
Fische	Freundschaft zum Geld	Haus	zwei Häuser in der Nähe, evtl. Anbau
Anker	feste Verbindungen, Beständigkeit	Baum	langes Leben, über achtzig Jahre (kann auch über 100 Jahre werden)
Kreuz	karmische Verbindung	Wolke	eingeschränkt sein, Unklarheiten ziehen ab
		Schlange	Mutter
		Sarg	Anstalt, Krankenhaus
		Blumen	eingezäumter Garten

Sense	Elektrizitätswerk	Ring	bindungsmäßig eingesperrt
Ruten	Gericht, Gerichtstermin, Gerichtsverhandlung, Gespräche mit dem Vater	Buch	Geheimnis dringt nicht nach außen
		Brief	Nachricht, bis zur Grenze
Eulen	Sozialamt, Sorgen wegen des Alleinseins	Herr	Sturheit
Kind	aus alt wird neu, auch Kinderheim, Schulheim, Internat	Dame	egoistisch
		Lilie	Hausfrieden
Fuchs	Gefängnis	Sonne	doppelte Energie
Bär	Vater	Mond	isolieren, sich abkapseln
Sterne	Arzt	Schlüssel	Kraft- und Energieeinschränkung mit Gewißheit
Störche	sich verändern, sich zurückziehen		
Hund	Trennung einer Freundschaft	Fische	Bank, Finanzamt
Park	öffentliche Gebäude, Versicherungsanstalten, großes Unternehmen, auch Hotel, immer mit großem Publikumsverkehr	Anker	Fabrik mit Schornstein, Arbeitsamt
		Kreuz	Kloster, auch Vater
Berg	Blockade, Sturheit, Egoist		
Wege	Trennung, Alternativen vorhanden		
Mäuse	Trennung, Verlust		
Herz	momentan einsames Herz, Gefühllosigkeit, derzeit verbittert, ein kaltes Herz haben		

Park – Nr. 20

♠ 8

in Verbindung mit

Reiter	größere Gesellschaft, zu der man freudig geht
Klee	kurzfristige Einladung in der Öffentlichkeit
Schiff	Gesellschaftsreise
Haus	Hausbälle in größeren Sälen, Konzerte, Märkte und Ausstellungen, die im Freien und auch in der Halle stattfinden
Baum	öffentliches Leben, Stadtpark, Veranstaltungen
Wolke	Unklarheiten in der Öffentlichkeit
Schlange	durchmogeln in der Gesellschaft
Sarg	Krankenhaus
Blumen	Gartenschau, Ausstellungen
Sense	überraschende Gesellschaft im großen Rahmen
Ruten	öffentliche Veranstaltungen, mit Tagungen und Vorträgen
Eulen	mehrere Veranstaltungen unterschiedlicher Art
Kind	kleine Gesellschaft
Fuchs	falsche Gesellschaft, Scheinheiligkeit
Bär	Gesellschaft der gehobenen Kreise
Sterne	Theater (großes Haus), Film
Störche	Veranstaltung wird örtlich verlegt
Hund	freundschaftliche Veranstaltungen, Partnerschaftsstädte
Turm	Hochhaus, Hotel, eingeschränkte Gesellschaft, nur einem bestimmten Personenkreis zugänglich
Berg	Blockade, öffentliche Veranstaltung, nicht jedermann zugelassen
Wege	Alternativen in der Öffentlichkeit
Mäuse	Ängste der Öffentlichkeit, Gesellschaft meiden, gesellschaftlicher Verlust

Herz	Hilfsbereitschaft, geschlossene Einheit	
Ring	Hochzeit	
Buch	Bibliothek, öffentliche Bücherei	
Brief	gesellschaftliche Nachricht, auch Wahlbenachrichtigung	
Herr	kehrt der Gesellschaft den Rücken	
Dame	liebt die Gesellschaft, sucht Kontakte	
Lilie	Veranstaltung, im Sozialbereich, Hilfsorganisation, Benefiz zum Allgemeinwohl	
Sonne	positive Gesellschaft, die sehr fördernd ist	
Mond	Veranstaltung, die das Selbstbewußtsein stärkt und Anerkennung bringt	
Schlüssel	Veranstaltung findet mit Gewißheit statt	
Fische	Veranstaltung, die Seele/Psyche berührt, Börse, finanzielle Veranstaltung »es läßt einen nicht kalt«, Versteigerung	
Anker	Öffentlichkeitsarbeit	
Kreuz	Kirche	

Berg – Nr. 21

♣ 8

in Verbindung mit

Reiter	Handlungen und Gedanken blockiert
Klee	kurze Blockade
Schiff	blockierte Reise
Haus	sich im Haus abkapseln
Baum	blockiertes Leben
Wolke	Gewitter im Anmarsch
Schlange	Blockade, die nur mit Umwegen gelöst werden
Sarg	Kopfschmerzen sind unnötig, wie die Ohnmächtigkeit aufgehoben wird
Blumen	Blockade löst sich mit Leichtigkeit auf

Sense	Hindernis, das schnellstens beseitigt wird	Buch	blockiertes Geheimnis
Ruten	blockierte Gespräche, keine Unterredung zustande bringen	Brief	blockierte Nachricht
Eulen	Blockade, da man nicht weiß, in welche Richtung man gehen soll	Herr	er kehrt der Blockade den Rücken zu
Kind	Trotzkopf, Dickköpfigkeit, geringfügige Blockade	Dame	Engstirnigkeit, Dickköpfigkeit, blockiert sich selbst
Fuchs	Hindernis, Blockade, die man falsch einschätzt	Lilie	blockierte Familie
Bär	ältere Person, Altersunterschied, Bergsteiger	Sonne	blockierte Energie
Sterne	Geistführer	Mond	Hindernis im Seelenleben, Verstand blockiert
Storch	Blockade in der Veränderung	Schlüssel	Blockade, die Bestimmung ist
Hund	blockierte Freundschaft	Fische	blockiertes Geld
Turm	doppelte Sturheit	Anker	blockierter Beruf
Park	Blockade zur Öffentlichkeit, nicht gerne im Rampenlicht stehen	Kreuz	Blockade löst sich auf
Wege	Hindernisse in der Alternative		
Mäuse	durch Sturheit Verluste einstecken		
Herz	blockiert		
Ring	blockierte Bindung		

Wege – Nr. 22
♦ Dame
in Verbindung mit

Reiter	der richtige Weg bringt Elan und Vorwärtskommen
Klee	kurzfristige Alternativwege
Schiff	Reisewege
Haus	Alternative für Haus, auch Auswege
Baum	längerer Zeitraum, zwei bis unendlich viele Jahre
Wolke	Wege ins Ungewisse
Schlange	Umwege
Sarg	es geht im Moment nicht weiter, Alternativen suchen
Blumen	erfreuliche Wege
Sense	plötzliche Wege
Ruten	Diskussionen über Ziele
Eulen	Unsicherheiten und Zweifel verschwinden
Kind	problemlose Wege gehen
Fuchs	falsche Wege, falsche Richtung
Bär	stabile Wege
Sterne	Klarheit, über die Wege zu Klarheit gelangen
Storch	Veränderungen sind an der Tagesordnung
Hund	Wege, die nach dem Herzen sind
Turm	Wege führen aus der Isolation heraus
Park	Wege führen zu Veranstaltungen, in größerem Rahmen
Berg	blockierte Wege lösen sich
Mäuse	Alternativen gehen in verlustig
Herz	Wege der Liebe wählen, und der Liebe entgegengehen
Ring	Wege führen in die Gemeinsamkeit, Bindungswege
Buch	geheime Wege führen zusammen

Brief	Wege, die vorübergehend erledigt werden müssen
Herr	er geht den geringsten Widerstand
Dame	sie macht sich auf den Weg
Lilie	Alternativwege mit der Familie
Sonne	Wege mit sehr viel Kraft und Energie
Mond	Seelenwege, Wege zu Erfolg und Anerkennung
Schlüssel	Wege, die mit Sicherheit gemacht werden
Fische	Wege, die Geld mit sich bringen
Anker	vielseitige Wege, beruflicher Art
Kreuz	kurzfristige Wege, deren Ziele schnell erreicht werden

Mäuse – Nr. 23

♣ 7

in Verbindung mit

Reiter	Verlorengegangenes kommt zurück
Klee	kurzfristiger Verlust
Schiff	Unwohlsein auf der Reise, schlägt auf den Magen
Haus	Unrat ums Haus herum, der beseitigt wird
Baum	Negatives im Leben geht vorüber
Wolke	Unbehagen und Verlustängste ziehen ab
Schlange	Unbehagen einer Frau
Sarg	doppelter Verlust, bei Krankheit, schnelle Genesung
Blumen	Freudiges wird zum Verlust, Blumen, Sträucher, Gewächse halten nicht

Sense	Verlust kommt plötzlich wieder zurück	Buch	Geheimnis löst sich auf
Ruten	Verlust von Gesprächen, Kontaktverlust, man kann niemand erreichen, kommt kein Kontakt zustande	Brief	verlorengegangene Nachricht, trifft verspätet ein
		Herr	Nachdenken über einen Mann
Eulen	Unbehagen, Zweifel gehen vorbei	Dame	Nachdenken über eine Frau
Kind	Grübeln über ein Kind oder Neubeginn	Lilie	Beziehung ohne sexuelles Verlangen
Fuchs	Ehrlichkeit	Sonne	nimmt Kraft und Energie weg
Bär	Unsicherheiten werden stabil	Mond	Gefühlsleben ist durcheinander, keine klaren Gedanken
Sterne	gedankliche Anstrengung bringt Klarheit	Schlüssel	Unsicherheiten
Störche	Veränderung findet statt	Fische	Alkohol, Depressionen
Hund	passives Verhalten in einer Freundschaft	Anker	bevorstehender Arbeitsverlust
		Kreuz	totaler Verlust
Turm	einsam, sich selbst isolieren		
Park	Unbehagen in der Öffentlichkeit		
Berg	Auflösung eines Hindernisses		
Wege	Unrat auf den Wegen		
Herz	Unbehagen in Herzensdingen		
Ring	Ledige oder Geschiedene, plötzliches Ende		

Herz – Nr. 24
♥ Bube
in Verbindung mit

Reiter	Unternehmungen in Herzensdingen
Klee	Liebesglück
Schiff	Liebesreise; in der Liebe kommen die Angelegenheiten ins Fließen
Haus	Liebe zum Haus, Heimat
Baum	Liebe, die ein Leben lang hält
Wolke	durch Herzensangelegenheiten ziehen unklare Verhältnisse ab
Schlange	Liebe mit Umwegen
Sarg	herzkrank, in der Liebe tut sich nichts, es ruht, ist nicht für immer verloren, sondern nur vorübergehend
Blumen	Freude, von Herzen bereitet, sehr lieber Besuch
Sense	Liebe mit Temperament
Ruten	Liebe mit Diskussionen
Eulen	zwei Lieben
Kind	neue Liebe, Gutmütigkeit
Fuchs	falsche Herzlichkeit, herzlos sein
Bär	Neid, Mißgunst
Sterne	erfüllte Liebe, glücklich
Störche	positive Veränderung in der Liebe
Hund	positive herzliche Freundschaft
Turm	der Liebe sind Schranken gesetzt
Park	herzliche Gesellschaft, liebt die Geselligkeit in der Öffentlichkeit
Berg	»rauhe Schale, weiches Herz«, blokkierte Liebe, Gefühle nicht zeigen können
Wege	Herzenswege, Blutbahn
Mäuse	Liebeskummer, Verlust, Herzlosigkeit
Ring	herzliche Verbindung

Buch	Liebesgeheimnis
Brief	Liebesbrief
Herr	charmanter Herr
Dame	charmante Dame, strahlt Herzlichkeit aus
Lilie	Liebe mit allem, Liebe, Familie
Sonne	Verliebtheit, Herzenswärme
Mond	tiefe Liebe
Schlüssel	Liebe mit Gewißheit
Fische	tiefe Liebe, Liebe zum Geld
Anker	Liebe, die sehr verankert ist, klammernde Liebe, Beruf zum Helfen, Liebe zu Beruf und Hobby
Kreuz	karmisch bedingte Herzprobleme

Ring – 25

♣ As

in Verbindung mit

Reiter	Heiratsantrag
Klee	glückliche Verbindung
Schiff	Verbindung kommt, Rundreise
Haus	Verbundenheit zum Haus, Festigkeit, auch Heimat
Baum	bindungsmäßig verwurzelt sein, Lebensbindung
Wolke	verbindungsmäßig ziehen Unklarheiten ab
Schlange	Bindung, die Tränen bereitet, bringt Ärger
Sarg	Witwenschaft, Scheidung auf der ganzen Linie, auch seelische Auflösung der Bindung

Blumen	Bindung, die zwar erfreulich ist, aber erst reifen muß	Herz	herzliche Liebe, Verbundensein in Liebe
Sense	gefährliche Verbindung	Buch	Ehevertrag, Partnerschaftsvertrag
Ruten	Streit um Bindungen, Ehestreit, Diskussionen	Brief	schwache Verbindung, oberflächlicher Kontakt
Eulen	zwei Verbindungen	Herr	gebundener Herr
Kind	neue Verbindung	Dame	gebundene Frau
Fuchs	falsche Verbindung	Lilie	Familie, feste Ehe, friedliche Familie
Bär	alte Verbindung, harmonisch, alte langjährige Ehe	Sonne	Partnerschaft mit Wärme und Geborgenheit
Sterne	erfüllte Verbindung, Verbindung zum Glück, Erfolg haben	Mond	seelische Verbundenheit, Anerkennung
Störche	veränderliche Verbindung	Schlüssel	Ehe; Verbindung, auf die man sich hundertprozentig verlassen kann
Hund	dauerhafte Verbindung, die ein Leben lang hält	Fische	Verbindung mit Geld
Turm	Scheidung	Anker	sehr feste Verbindung, »wie Pech und Schwefel«
Park	Hochzeit	Kreuz	karmische Verbindung
Berg	Verbindung noch mit Hindernissen belegt		
Wege	gemeinsame Wege		
Mäuse	Verlust einer Ehe bzw. Bindung		

Buch – Nr. 26

♦ 10

in Verbindung mit

Reiter	vertraulich wird Ihnen eine Nachricht anvertraut
Klee	kurzzeitiges Geheimnis
Schiff	geheimnisvolle Reise, Reiseziel ist noch unbekannt, man weiß nichts davon
Haus	geheimnisvolles Haus
Baum	Geheimnis, das man nie erfahren wird
Wolke	Geheimnis klärt sich auf
Schlange	geheimnisvolle Frau
Sarg	keine Krankheit
Blumen	eine Überraschung
Sense	Geheimnis wird gelöst
Ruten	geheime Gespräche
Eulen	Geheimnis ist noch zweifelhaft
Kind	kleine Geheimnisse
Fuchs	falsches Dokument
Bär	Geheimnis ist stabil, steht auf festem Fundament
Sterne	Geheimwissenschaft, Esoterik
Störche	Veränderungen, die im geheimen ablaufen
Hund	geheimnisvolle Freundschaft
Turm	Geheimnis bis zur Grenze
Park	geheime Organisation
Berg	Blockade, ist noch ein Geheimnis
Wege	Geheimnis führt in verschiedene Richtungen
Mäuse	Geheimnis liegt im Verlust
Herz	geheime Liebe
Ring	geheime Verbindung
Brief	Briefgeheimnis
Herr	eine Dame, die man noch nicht kennt

Dame	einen Mann, den man noch nicht kennt
Lilie	es ist noch ein Geheimnis, aber es wird sich offenbaren
Sonne	geheimnisvolle Kraft und Energie
Mond	seelisches Geheimnis
Schlüssel	der Schlüssel zu einem Geheimnis
Fische	geheimes Geld
Anker	Beruf mit Büchern
Kreuz	Geheimnis, das karmisch ist

Brief – Nr. 27

♠ 7

in Verbindung mit

Reiter	oft Geschenk, Nachricht, auch schriftlich
Klee	kurze Nachricht
Schiff	Nachricht ist unterwegs
Haus	Nachricht ins Haus
Baum	Nachricht läßt auf sich warten
Wolke	Nachricht beseitigt Unklarheiten
Schlange	Nachricht, die man auf Umwegen erhält
Sarg	Attest, Krankenbericht, Befund
Blumen	kleines Geschenk, Einladung
Sense	plötzliche Nachricht
Ruten	Nachrichten, Telefonate, die Gespräche nach sich ziehen

Eulen	zweifelhafte Nachricht	Herr	schwache Verbindung
Kind	kleine Aufmerksamkeit	Dame	schwache Verbindung
Fuchs	falsche Nachricht	Lilie	familiäre Nachricht
Bär	Anwaltspost, Behördenbrief	Sonne	Nachricht, die sehr viel Kraft und Energie mit sich bringt
Sterne	Kontakt, Botschaft, glückliche Nachricht	Mond	Nachricht, die das Selbstbewußtsein stärkt
Störche	Nachricht über eine erfreuliche Veränderung	Schlüssel	Nachricht, die mit Sicherheit kommt
Hund	Brieffreund	Fische	Geschenk, Scheck
Turm	Behördenbrief	Anker	Post vom Arbeitsamt
Park	Einladung zu einer größeren Veranstaltung	Kreuz	schicksalhafte Nachricht
Berg	kurze Behinderung, noch ein paar Stunden, ein paar Tage, Nachricht blockiert		
Wege	über den allerkürzesten Weg		
Mäuse	Verlust einer Nachricht		
Herz	Nachricht, die von Herzen kommt, Liebesbrief		
Ring	Einladung zu einer Hochzeit		
Buch	Nachricht über ein Geheimnis, das sich lüftet		

Herr – Nr. 28
♥ As
in Verbindung mit

Reiter	der sehr aktiv ist
Klee	kurzfristige Begegnung
Schiff	er lebt außerhalb, kann auch Ausland sein
Haus	er liegt im Haus, (bereits da)
Baum	Lebenspartner
Wolke	undurchsichtig
Schlange	zweite Frau, auch Nebenfrau
Sarg	eine Phase, in der sich beziehungsmäßig nichts tut
Blumen	ein Flirt, eine sehr junge Frau, kann auch die Tochter sein
Sense	Spannungen durch das Umfeld, Aggressionen
Ruten	Streitigkeiten, Ärger
Eulen	Unsicherheit, Zweifel, in welche Richtung man gehen soll
Kind	Neuanfang
Fuchs	spricht mit falscher Zunge
Bär	Leben wird von einem Elternteil bestimmt
Sterne	intelligenter Mann, offen, klar, medial
Störche	Umzug, Veränderung
Hund	Freunde, Kameradschaft
Turm	Sturheit
Park	er kehrt der Gesellschaft den Rücken zu
Berg	er blockiert sich selbst
Wege	er geht den Weg des geringsten Widerstandes
Mäuse	Nachdenken über eine Frau
Herz	charmanter Herr
Ring	gebundener Herr
Buch	eine Dame, die man noch nicht kennt

Brief	schwache Verbindung
Dame	Frau, die man kennenlernt, aber nur, wenn das Buch im Rücken liegt
Lilie	sexueller Partner, auch Flirt
Sonne	starke Anziehungskraft
Mond	seelische Verbundenheit zum Partner
Schlüssel	Sicherheit durch den Mann
Fische	liebt das Geld, berechnend
Anker	stabiler Mann
Kreuz	Mann, der vom Schicksal bestimmt ist

Dame – Nr. 29
♥ As
in Verbindung mit

Reiter	ein Vorwärtskommen, zielsicher
Klee	kurzfristiges Ereignis
Schiff	sie geht auf Reisen
Haus	sie kehrt dem Haus den Rücken zu
Baum	Lebenspartner, Leben ist stabil, verwurzelt
Wolke	Durchblick, kehrt Unklarheiten den Rücken zu
Schlange	eine Freundin, sie ist immer älter, auch wenn es nur ein Tag ist
Sarg	kehrt der Ohnmächtigkeit den Rücken zu
Blumen	liebe Freundin, die jünger ist, kann auch die Tochter sein oder eine viel jüngere Schwester oder Verwandte

Sense	Spannung durch das Umfeld	Wege	sucht Alternativen
Ruten	kehrt Streit und Diskussionen den Rücken zu	Mäuse	sich Gedanken über einen Mann machen
Eulen	Unsicherheit, Zweifel, weiß derzeit nicht, was die richtige Entscheidung ist	Herz	charmante Dame, strahlt Herzlichkeit aus
Kind	sie hat ein Kind, welches ihr immer »am Rockzipfel hängt«	Ring	Ehefrau, gebundene Frau
		Buch	einen Mann, den es noch nicht gibt
Fuchs	offene ehrliche Frau	Brief	schwache Verbindung
Bär	Leben wird von einem Elternteil bestimmt, sich diplomatisch verhalten	Herr	Mann, den man kennenlernt, aber nur, wenn das Buch im Rücken liegt
Sterne	klare, offene, ehrliche Frau, hellsichtig	Lilie	sexueller Partner, auch Flirt
Störche	Ortsveränderung, auch kleine Reise	Sonne	starke Anziehungskraft
		Mond	seelische Verbundenheit zum Partner
Hund	freundschaftliche Beziehung zu einem Mann, der nicht ihr Ehemann ist, kann auch der neue Mann sein, auch Kameradschaft	Schlüssel	Sicherheit durch den Mann
		Fische	vermögender Partner, auch seelische Verbundenheit
Turm	kapselt sich ab, will keinen Kontakt, Alleinsein	Anker	stabile Frau
		Kreuz	Frau, die vom Schicksal bestimmt ist
Park	liebt die Gesellschaft, sucht Kontakte		
Berg	Engstirnigkeit, Dickköpfigkeit, blockiert sich selbst, stur und kleinkariert		

Lilie – Nr. 30
♠ König
in Verbindung mit

Reiter	Familiennachricht
Klee	glückliche Familie
Schiff	Familienreise
Haus	Familienhaus
Baum	zur gegebenen Zeit wird man das Geheimnis erfahren
Wolke	Ungereimtheiten in der Familie verflüchtigen sich
Schlange	Familienangehörige
Sarg	Sexualorgane krank, sexuell sich nicht fallen lassen können, sexuelle Blockade (der Betroffene weiß meistens nichts davon)
Blumen	freundliche Familie, Gewächs an der Gebärmutter
Sense	Anregungen in der Familie
Ruten	Familiendiskussionen
Eulen	zwei sexuelle Beziehungen
Kind	Familienzuwachs
Fuchs	falsche Sexualität, teilweise falsches Verhältnis zur Familie, falsches Verhältnis
Bär	Familienoberhaupt
Sterne	Orgasmus, Schlafmittel, Rauschmittel, Beruhigungsmittel
Störche	familiäre Veränderung
Hund	familiäre Freundschaft
Turm	dem Sex sind Grenzen gesetzt
Park	Bordell
Berg	Blockade zur Familie, Verklemmtheit in der Sexualität, Zahnkrone, Glatteis in bergigem Gelände
Wege	Entscheidungen sind zu treffen
Mäuse	keine Sexualität
Herz	Sex, auch Familienbesuch
Ring	Verhältnis, Ehe

Buch	ein Verhältnis, das geheimgehalten wird		**Sonne** – Nr. 31
Brief	sporadischer Kontakt zur Familie		♦ As
Herr	sexueller Partner, auch Flirt		in Verbindung mit
Dame	sexueller Partner, auch Flirt		
Sonne	familiäre Geborgenheit		
Mond	Harmonie		
Schlüssel	Frieden, gute Sexualität, Familie mit Sicherheit	Reiter	der Sonne entgegengehen, mit sehr viel Kraft und Energie
Fische	seelische Verbundenheit, Familiengeld, Werte vorhanden	Klee	Kraft und Energie führen zu Glück und Erfolg
Anker	Sozialarbeit	Schiff	mit Kraft und Energie kommen die Dinge ins Fließen
Kreuz	karmische Familie (jeder trägt das Kreuz des anderen mit)	Haus	Wärme und Geborgenheit im Haus, auch ein Allgemeinzustand
		Baum	Kraft und Energie fürs Leben
		Wolke	Magie, weiße (s. Seite 41)
		Schlange	Wärme und Geborgenheit mit Umwegen
		Sarg	Kraft und Energie, man kann nicht aufgehalten werden

Blumen	Tatendrang, die Dinge jetzt zu tun, die später Früchte tragen, um reichlich zu ernten	Mäuse	Energieverlust
Sense	Energie, Kraft, volle Power, (weiß nicht wohin mit seinen Kräften)	Herz	Verliebtheit, Wärme und Geborgenheit, in der Verbindung auch sehr viel Kraft und Energie
Ruten	heftige Diskussionen, Geistheilung	Ring	Wärme und Geborgenheit in der Partnerschaft
Eulen	Kraft und Energie, Unsicherheiten und Zweifel lösen sich auf	Buch	Wärme, die noch im verborgenen liegt
Kind	Kraft und Energie, Lichtwesen	Brief	positive Nachricht
Fuchs	falscher Schein, Scheinheiligkeit	Herr	Anziehungskraft
Bär	doppelte Kraft und Energie, Stabilität	Dame	Anziehungskraft
Sterne	Politik, totaler Erfolg, Senden	Lilie	Wärme und Geborgenheit in der Familie
Störche	Wärme und Geborgenheit bringen eine positive Veränderung	Mond	Politik, etwas empfangen
Hund	warmherzige Freundschaft	Schlüssel	Kraft und Energie
Turm	Kraft, die gespeichert wird	Fische	höchste Geldkarte
Park	dynamische öffentliche Veranstaltung	Anker	starke Verbundenheit
Berg	Kräfte und Energie blockiert	Kreuz	positiver Ausgang
Wege	viel Kraft und Energie auf derzeitigen Wegen		

Mond – Nr. 32
♥ 8

in Verbindung mit

Reiter	Anerkennung und Erfolg kommen in Bewegung
Klee	kurzfristige Anerkennung
Schiff	Alkohol
Haus	Gefühlsschwankungen im Haus
Baum	Sensibilität ist stabil
Wolke	seelische Unsicherheiten ziehen ab
Schlange	Anerkennung kommt auf Umwegen
Sarg	tiefe Depression
Blumen	seelisches Wachstum
Sense	plötzliche Gefühlsschwankungen
Ruten	Pendeln
Eulen	seelisch hin- und hergerissen sein
Kind	totales Medium, spiritistische Sitzungen
Fuchs	jemand, der sich etwas vormacht
Bär	seelische Stabilität
Sterne	Astrologie, Durchblick
Störche	Persönlichkeitsveränderung
Hund	Anerkennung in einer Freundschaft
Turm	Nervenheilanstalt, Internat, geschlossene Anstalten
Park	Anerkennung in der Öffentlichkeit
Berg	seelische Blockade
Wege	Anerkennung durch Alternativen
Mäuse	Melancholie, Depressionen (vorübergehend) kann geholfen werden
Herz	Harmonie
Ring	harmonische Verbindung
Buch	Anerkennung, die noch im geheimen liegt
Brief	seelische Kontakte knüpfen

Schlüssel – Nr. 33

♦ 8

in Verbindung mit

Herr	seelische Verbundenheit zum Partner
Dame	seelische Verbundenheit zum Partner
Lilie	seelische Verbundenheit zur Familie
Sonne	medial empfangen und aufnehmen
Schlüssel	mediale Sicherheit
Fische	Erfolg mit Geld
Anker	Anerkennung und Erfolg beruflicher Art
Kreuz	aus dem tiefsten Unterbewußtsein
Reiter	mit Bestimmtheit, immer gut und erfreulich
Klee	mit Gewißheit, kurzfristig, schnell
Schiff	eine Reise, die mit Gewißheit kommt, auch allgemein kommt das Leben in Fluß
Haus	das Haus, das einem bestimmt ist
Baum	meistert das Leben
Wolke	Unklarheiten ziehen mit Bestimmtheit ab
Schlange	mit Gewißheit, Umwege sind vorüber
Sarg	Krankheit kommt sicher
Blumen	mit Gewißheit Erfreuliches durch ein Geschenk oder eine Überraschung

Sense	mit Bestimmtheit, verschwinden Spannungen	Mäuse	mit Gewißheit geht etwas verlustig
Ruten	mit Sicherheit Gespräche	Herz	Sicherheit in Herzensdingen, mit Gewißheit ist die Liebe stabil
Eulen	mit Gewißheit sind Zweifel vorhanden, in welche Richtung es gehen soll	Ring	mit Gewißheit die feste Bindung, auch Ehe, auf die man sich verlassen kann
Kind	mit Gewißheit Neuigkeiten	Buch	mit Gewißheit enthüllt sich ein Geheimnis
Fuchs	mit Gewißheit Vorsicht geboten	Brief	mit Sicherheit kommt eine Nachricht
Bär	mit Gewißheit Stabilität, Standhaftigkeit	Herr	mit Gewißheit der Mann, auf den man sich verlassen kann
Sterne	mit Bestimmtheit Hellsichtigkeit	Dame	mit Gewißheit die Frau, auf die man sich verlassen kann
Störche	mit Gewißheit findet eine Veränderung statt	Lilie	mit Gewißheit Frieden, Sexualiät, Familie
Hund	mit Gewißheit eine Freundschaft, auf die man sich hundertprozentig verlassen kann	Sonne	mit Gewißheit Wärme und Geborgenheit
Turm	mit Gewißheit sind Grenzen gesetzt	Mond	mit Gewißheit medial
Park	mit Gewißheit Veranstaltungen, die immer stattfinden	Fische	mit Bestimmtheit Erfolg und Geld
Berg	mit hundertprozentiger Sicherheit ist Blockade vorhanden	Anker	mit Gewißheit Erfolg und Anerkennung im Beruf
Wege	mit Gewißheit findet eine Entscheidung statt, die Wege sind schon bekannt	Kreuz	mit Gewißheit schicksalhaft

Fische – Nr. 34
♦ König
in Verbindung mit

Reiter	Geldbote
Klee	Glück, Lotterie, Glücksspiel, kurzes finanzielles Glück
Schiff	Geld fließt einem zu
Haus	Geld steht ins Haus, Wasseradern
Baum	Geld schlägt Wurzeln
Wolke	Undurchsichtigkeit mit Geld, negative Geldangelegenheiten
Schlange	Unklarheiten finanzieller Art verschwinden, Geld kommt ins Fließen
Sarg	totes Kapital, Besitz, Nierenerkrankung, Lymphe
Blumen	seelische Verwachsung, auch Geschenk
Sense	plötzliches Geld
Ruten	gespaltene Seele, Geldgespräche
Eulen	doppeltes Geld
Kind	kleines Geld, wenig Geld
Fuchs	falsches Geld, Falschgeld, Unehrlichkeit in Geldsachen, falsche Aussagen über Geld, falsche Niere oder Ersatzniere, falsch arbeitende Niere
Bär	stabiles Geld
Sterne	viel Geld
Störche	finanzielle Veränderung, Aufbesserung
Hund	seelische Verbundenheit
Turm	Finanzamt
Park	Börse, Spielbank
Berg	Nierensteine
Wege	Lymphbahnen
Mäuse	Geldverlust
Herz	seelische Liebe
Ring	finanzielle Bindung

Buch	geheimes Geld		
Brief	Sparbrief		
Herr	vermögender Partner		
Dame	liebt das Geld, berechnend		
Lilie	Geld kommt in die Familie		
Sonne	höchste Geldkarte		
Mond	finanzielle Anerkennung		
Schlüssel	Gewißheit, auf finanzielle Sicherheit bedacht		
Anker	Geld, das über die Selbständigkeit zufließt		
Kreuz	seelische Belastungen hören auf		

Anker – Nr. 35

♠ 9

in Verbindung mit

Reiter	Sportgeschäft, auf den Beinen sein, Fremdenführer
Klee	Berufe mit kurzfristigem glücklichem Einsatz
Schiff	Geschäftsreisen, beruflich reisen
Haus	Hausfrau, Beruf im Haus
Baum	Lebensaufgabe, Lebensberuf, Lebensstellung
Wolke	Weiterbildung, Studium
Schlange	sich beruflich durchmogeln, auch »an einem Strang ziehen«
Sarg	Leichengräber, Person, die ihren Beruf nicht leiden kann, der Beruf bewirkt Depressionen, Beruf hat mit toten Sachen zu tun, Krankenpflege, Schwarzarbeit, evtl. Schwierigkeiten im Beruf, sich nicht wohl fühlen

Blumen	Florist, Maler, Künstler, Mädchengymnasium; Arbeit, die Freude bereitet	Wege	Vielseitigkeit
		Mäuse	Abfallverwertung
Sense	Beruf mit Metall	Herz	Berufe, an denen das Herz hängt
Ruten	Berufe über Kommunikation, Sprache, Dolmetscher	Ring	Konzerne
Eulen	zwei Berufe, soziale Arbeit, Polizei, hektischer Beruf	Buch	Buchbinder; Berufe, die mit Büchern zu tun haben
Kind	Beruf mit Kindern, Arbeit mit Kindern, in kleinen Gesellschaften, neue Arbeit, Kleinbetrieb	Brief	Post, Büro, Behörden, Ämter
		Herr	unter Konventionen stehen, stabiler, konservativer Mann
Fuchs	falscher Beruf, Beruf mit Falschheit, Spionage, Geheimdienst, gefährliches Schnüffeln	Dame	unter Konventionen stehend, stabile, konservative Frau
Bär	Beamte, Politiker, leitender Angestellter, Boß, Chef, hochgestellte Persönlichkeit	Lilie	Familienbetrieb; Arbeit, die Frieden bringt, Arbeit mit Eis, Kühlräume
Sterne	Astrologie, Pharmalogie, Medizin, Astronom	Sonne	positiver Beruf, Organisation, Kreativität, Energieberuf, Arbeit gibt Kraft
Störche	Veränderung im Beruf		
Hund	freundlicher Beruf, dienen und bedienen	Mond	Beruf der Seele
		Schlüssel	Sicherheitsdienst, Schlüsselmacher
Turm	Lehrer, Gerichte, Behörden	Fische	Seelsorger, Bankangestellte
Park	mit vielen Menschen zu tun haben, viel Publikumsverkehr, großes Unternehmen	Kreuz	Pfarrer, geistliche sowie unter kirchlicher Verwaltung stehende karitative Wohltätigkeitsverbände
Berg	Tätigkeit mit Steinen, Bildhauer, Architekt		

Kreuz – Nr. 36

♣ 6

in Verbindung mit

Reiter	Unternehmungen sind belastet
Klee	kurzfristige Belastungen
Schiff	schicksalhafte Reise
Haus	belastetes Haus
Baum	belastetes Leben, Bürde
Wolke	karmische Sorgen, Belastungen
Schlange	Belastungen, Kummer
Sarg	Karma löst sich auf
Blumen	Erfreuliches geht zu Ende
Sense	Gefahr ist eine karmische Sache, die es abzutragen gilt
Ruten	schicksalhafte Gespräche
Eulen	Unentschlossenheit löst sich auf
Kind	karmisch belastetes Kind, belastete Kindheit
Fuchs	Falschheit, Intrigen, schicksalhaft
Bär	durch Kompromisse gehen, Belastungen verschwinden
Sterne	karmische Hellsichtigkeit, hohes geistiges Wissen im Unterbewußtsein, Karma wird erfüllt, das Ziel geschafft – die Lebensaufgabe
Störche	Uranus, karmische Verbindung
Hund	schicksalhafte Freundschaft
Turm	Krankenhaus
Park	Friedhof
Berg	Blockade, die schicksalhaft ist, karmisch
Wege	innerhalb von sieben Wochen, oder noch kürzer, geschehen die Ereignisse
Mäuse	totaler Verlust
Herz	belastete Liebe, karmische Liebe
Ring	Auflösung der Bindung, Tod, Scheidung
Buch	schicksalhaftes Geheimnis

Brief	schicksalhafter Brief
Herr	Mann, der vom Schicksal bestimmt ist
Dame	Frau, die vom Schicksal bestimmt ist
Lilie	schicksalsverbundene Familie, hält zusammen, »wie Pech und Schwefel«
Sonne	Kraft, Energie
Mond	Medium, Intuition, Sensibilität, medial
Schlüssel	karmische Bestimmung
Fische	karmische seelische Verbindung
Anker	schicksalhafter Beruf

Ab welchem Zeitpunkt ist Kartenlegen mystisch?

Kartenlegen ist erlernbar, genauso wie zum Beispiel Mathematik oder eine Fremdsprache. Auch beim Kartendeuten erlernen Sie als erstes die traditionellen erweiterten Grundbedeutungen, siehe Seite 16 bis 33. Diese Grundkenntnisse sind genauso zu lernen wie das ABC in der Grundschule. Am besten auswendig.

Denken Sie dabei weder an Mystik, Hellsehen oder andere bekannte Kartenleger/innen und Seher/innen, welche Ihnen mit einem schnellen Blick auf das geöffnete Kartenblatt Ihr ganzes Leben deuten können. Lassen Sie sich davon nicht beirren, denn 98 Prozent aller heutigen Koryphäen fingen genau wie Sie bei Null an. Sie lernten, übten und lernten so lange, bis sie das Grundwissen aus dem »Effeff« beherrschten und inzwischen promovierten.

Ich weiß, was ich Ihnen hier zumute, es klingt so ganz danach, als ob ich Sie in die Schule schicken würde. Ja, in der Tat, so verhält es sich.

Versuchen Sie es, lernen Sie jeden Tag eine Kartenbedeutung auswendig. Dies sind 36 Karten, also nur 36 Tage, dies ist etwas mehr als ein Monat, der zwölfte Teil von einem Jahr und nur ein Bruchteil Ihrer Zeit Ihres Lebens. Doch es lohnt sich immer, wenn Sie wirklich damit arbeiten wollen.

Nehmen wir an, Sie haben sich den Grundstock jetzt erarbeitet und erlernt, so haben Sie ein gutes Basiswissen. Wenn Sie medial veranlagt sind, so werden sich jetzt bereits zu diesem Zeitpunkt in Bezug auf die Kartenbilder schon einige Türen geöffnet haben. Das heißt, Sie spüren Unklarheiten, wissen von innen heraus um Dinge und würden vielleicht auch sagen; halt, stop, hier stimmt was nicht. Zum Teil blitzen Eingebungen, innere Bilder und Wahrnehmungen ins Bewußtsein, die Sie vermutlich noch nicht richtig zuordnen können.

Beginnen Sie Ihrer Intuition zu vertrauen, und fangen Sie ganz vorsichtig an, das in Worte zu kleiden, was Sie empfinden. Je besser Sie die Grundbedeutungen beherrschen, desto leichter wird es Ihnen fallen, Ihre eigenen inneren Interpretationen umzusetzen. Dies bezeichne ich jetzt als geöffnete Tür zum mystischen Kartenlegen.

Sollten Sie von Haus aus mehr der bodenständige Menschentyp sein, so sei Ihnen gesagt, daß, je besser Sie die Grundbedeutungen beherrschen, Ihre Intuition sich um so automatischer selbst schult. Es mag etwas langsamer gehen, doch es wird mit hundertprozentiger Sicherheit bis zu einem gewissen Grad erfolgen. Es muß nicht sein, daß Sie zu Beginn der Kartenlegetätigkeit gleich hellsehen, in der Akasha-Chronik lesen oder Raum und Zeit aufheben können. Es reicht, wenn Sie Ihr Handwerk gut beherrschen, die Mystik stellt sich im Laufe der Jahre von selbst ein. Lassen Sie uns jetzt die Frage stellen:

Was ist Mystik, und wie gehe ich mit ihr um?

In meinem Fremdwörterbuch steht eine besonders schöne Definition über Mystik, die, wie ich finde, den Begriff sehr treffend bezeichnet:

Mystik = *Schließung der Augen und Lippen); Seeleneinheit mit Gott (dem Weltganzen)*

Wie soll ein Mensch das richtig verstehen, etwa so: Wenn wir Augen und Lippen verschließen, so können wir weder sehen noch sprechen, also sind wir gezwungen, nach innen zu blicken. Und genau in unserem Innern erblicken, erfühlen und erspüren wir dann andere Wahrnehmungen als die, die über unsere Außenwelt auf uns einstürmen. Wenn der Mensch lange genug oder öfters, zum Beispiel über Meditation, nach innen blickt, so erfährt er eine in sich geschlossene Einheit. Er erhält Zugang zu dem, was wir Seele nennen, und erreicht im Laufe der Jahre eine tiefe Verbundenheit mit dem inneren Teil seiner selbst. Er erkennt, daß sein Teil hier auf unserer Erde wirklich nur ein Teil des gesamten Ganzen ist. Er spürt für Sekunden, Minuten oder später auch für länger diese Einheit mit Gott, allen Menschen, eben dem Weltganzen.

Wie können wir Mystik oder mystisch nun am besten definieren? Es ist etwas sehr Geheimnisvolles, aber nur bis zu dem Zeitpunkt, bis der Mensch als Wesen seine Einheit und Verbundenheit mit dem Ganzen erfährt. Kopfwissen reicht hier nicht aus. Damit wird nur die Erkenntnis gewonnen, daß es unbegreifliche Dinge gibt, daß es noch ein anderes Wissen gibt, das es noch mehr gibt. Mit Kopfwissen bleibt immer eine Sehnsucht und ein sogenanntes Heimweh nach dem wirklichen Zuhause aktuell. Der Mensch hört von mystischen Dingen, von unglaublichen Phänomenen, die sich ereignen, und hat dabei das Gefühl, daß er ständig auf der Suche ist nach allem, was unerklärbar ist, wie zum Beispiel Wunder, Ufos und viele andere Geheimnisse. Er wird magisch davon angezogen und teilweise durch die Ratio auch abgestoßen.

Vielleicht sind Ihnen Menschen bekannt, die behaupten, daß sie das alles nicht interessiere. Das mag auch oberflächlich stimmen, doch sehen Sie genauer hin, welche Illustrierte diese Menschen lesen, denn auch hinter der Sensationsgier versteckt sich die wahre Suche nach Mystik, nach Einheit.

Sie und ich wissen, daß es mehr Dinge zwischen Himmel und Erde gibt, als sich unsere Schulweisheit je erträumen ließ. Davon gehe einfach aus, denn sonst würden Sie diese Zeilen nicht lesen und hätten sich niemals »Mystisches Kartenlegen« gekauft. Durch die Arbeit mit den Karten und den traditionellen Bildern, entwickelt sich Ihre Mystik, Ihre Spiritualität von selbst. Lassen Sie es einfach geschehen. Flechten Sie diese auftretenden Fähigkeiten in Ihren normalen Alltag ein. Notieren Sie sich zu Beginn über einen gewissen Zeitraum Ihre intuitive Meinung, und vergleichen Sie diese im nachhinein mit den tatsächlich erfolgten Ereignissen.

Zum Entwickeln von Mystik und Spiritualität gehören auch Zeit, Ruhe und Muße. Sind Sie ein kreativ veranlagter Mensch, so malen, schreiben, basteln Sie oder hören leise träumerische instrumentale Musik. Nehmen Sie sich Zeit für sich selbst, am besten täglich, und das noch zu festgesetzen Zeiten. Erklären Sie sich bereit, eine Welt voller Wunder zu verstehen und zu erleben. Denken Sie daran, Ihr Geist ist nicht an Ihren Körper gebunden. Er kann sich frei bewegen und Ihnen in Verbindung mit Ihrem Inneren Zugang zu allen Dimensionen und Ereignissen dieser und anderer Welten geben. Das einzige dabei ist, Sie müssen Ihren Geist lenken und führen und Ihre Ziele bestimmen.

Eine einfache Art, die Welt der Wunder, des Mystischen, kennenzulernen, ist über geführte Meditationen möglich, die Ihnen helfen, den roten Faden des geistigen Trainings zu behalten. Denken Sie nur an einen gestreßten Tag, wie schwer fällt es vielen Menschen, davon abzuschalten? Hier eignet sich eine geführte Meditation auf Kassette oder als CD hervorragend. Sie dient nicht nur zur Entspannung, sondern hilft auch noch, seine eigenen Fähigkeiten zu trainieren.

Am besten sagen wir: Mystik ist dann vorhanden, wenn ich mich auf den Weg begebe, meine Fähigkeiten zu entwickeln, und daran glaube.

Besonderheiten

Karten und Bildreihenfolge

Nr.	Bild	Bezeichnung	Farbe	Zuordnung
1	Reiter	Herz 9	rot	Herz
2	Klee	Karo 6	rot	Karo
3	Schiff	Pik 10	schwarz	Pik
4	Haus	Herz Kö.	rot	Herz
5	Baum	Herz 7	rot	Herz
6	Wolke	Kreuz Kö.	schwarz	Kreuz
7	Schlange	Kreuz Da.	schwarz	Kreuz
8	Sarg	Karo 9	rot	Karo
9	Blumen	Pik Dame	schwarz	Pik
10	Sense	Karo Bube	rot	Karo
11	Ruten	Kreuz Bu.	schwarz	Kreuz
12	Eulen	Karo 7	rot	Karo
13	Kind	Pik Bube	schwarz	Pik
14	Fuchs	Kreuz 9	schwarz	Kreuz
15	Bär	Kreuz 10	schwarz	Kreuz
16	Sterne	Herz 6	rot	Herz
17	Störche	Herz Da.	rot	Herz
18	Hund	Herz 10	rot	Herz
19	Turm	Pik 6	schwarz	Pik
20	Park	Pik 8	schwarz	Pik
21	Berg	Kreuz 10	schwarz	Kreuz
22	Wege	Karo Da.	rot	Karo
23	Mäuse	Kreuz 7	schwarz	Kreuz
24	Herz	Herz Bube	rot	Herz
25	Ring	Kreuz As	schwarz	Kreuz
26	Buch	Karo 10	rot	Karo
27	Brief	Pik	schwarz	Pik
28	Herr	Herz As	rot	Herz
29	Dame	Pik As	schwarz	Pik
30	Lilie	Pik Kö.	schwarz	Pik
31	Sonne	Karo As	rot	Karo
32	Mond	Herz 8	rot	Herz
33	Schlüssel	Karo 8	rot	Karo
34	Fische	Karo Kö.	rot	Karo
35	Anker	Pik 9	schwarz	Pik
36	Kreuz	Kreuz 6	schwarz	Kreuz

Personenkarten und ihre Zuordnung

13 Kind + 9 Blumen	Mädchen
13 Kind + 14 Fuchs	Junge
19 Turm + 7 Schlange	Mutter
19 Turm + 15 Bär	Vater
1 Reiter	junger Mann
9 Blumen	junges Mädchen
12 Eulen	fast immer alte Leute
7 Schlange	Schwester, Freundin, Tante, Enkeltochter, Nichte, Cousine, Kollegin, Bekannte
15 Bär	weibliche Schwiegermutter, alte Frau, Oma, Tante, falls ein Mann nach einer Frau fragt, so ist sie älter als er, Onkel, älterer Bruder, Chef, gehobene Position, meistens Beamtentum, Geschäftsmann, Mann mit Bildung und Weisheit

Partnerschaftsverbindungen

25 Ring	Verbindung
25 Ring + 12 Eule oder Ruten	2 Verbindungen
24 Herz + 11 Ruten + 12 Eulen	2 Lieben (2 Verbindungen)
24 Herz + 11 Ruten oder Eulen mit Lilie	2 sexuelle Verbindungen evtl. Familienschwierigkeiten
9 Blume + 25 Ring	Verlobung
25 Ring + 27 Brief + 1 Reiter	Heiratsantrag
20 Park + 25 Ring	Hochzeit
12 Eulen + 36 Kreuz + 25 Ring	2. Ehe wird nur über den Tod getrennt
6 Wolke + 25 Ring	Lebensbindung zerbricht, meistens Witwenschaft
17 Störche + 30 Lilie + 13 Kind	Schwangerschaft
3 Schiff + 36 Kreuz + 34 Fische, evtl. mit 26 Buch	Erbschaft
36 Kreuz + 27 Brief	Testament

Städte und Gebäude

20 Park	Großstadt, City
4 Haus	kleine Stadt
4 Haus + 21 Berg	Dorf

19 Turm + 21 Berg	Ghettos (Wohnsilos)	20 Park + Fische	Restaurant
19 Turm + 20 Park	Hochhaus	20 Park + 36 Kreuz	Kirche
19 Turm + 34 Fische	Bank	20 Park + 36 Kreuz + 30 Lilie	Friedhof
4 Haus	Haus	23 Mäuse + 4 Haus + Turm	Slums
4 Haus + 8 Sarg	Altenheim, gemütliches Krankenhaus	4 Haus + 8 Sarg + Mäuse	Obdachlose (Achtung, droht Obdachlosigkeit, wenn Mieteschwierigkeiten)
6 Wolke + 19 Turm	Gefängnis, unklare Laufzeit		
8 Sarg + 19 Turm	Gefängnis, kann auch kurzfristig sein	32 Mond + 8 Sarg + 19 Park	Nervenheilanstalt
13 Kind + 20 Park	Kindergarten	34 Fische + 20 Park	große Geldinstitute (auch Börse)
13 Kind + 35 Anker + 20 Park	Schulen		
19 Turm + 8 Sarg	Internat, Anstalt		
19 Turm + 36 Kreuz	Kloster		
20 Park + 1 Reiter	Ausstellung/Messen, nur vorübergehende		
20 Park + 8 Sarg	Krankenhaus		
20 Park + 9 Blumen + 1 Reiter	Ausstellung in Parks, z. B. Bundesgartenschau		
20 Park + 16 Sterne	Theater		
20 Park + 16 Sterne + 12 Eulen	Parkcafé, Tanzlokal		

Wir sind uns dessen bewußt, daß es noch unendlich viele Verbindungsarten sowie Kombinationen gibt. Dies stellt einen kleinen Auszug der von uns als wichtig erachteten Komponenten dar. Durch Ihr eigenes erworbenes Können fällt Ihnen die Zuordnung weiterer Kombinationen von selbst zu.

Länder und Umgebung

Sonne + 5 BaumAfrika + 8 Sarg	
3 Schiff + 21 Berg + 19 Turm + 20 Park	Amerika (weitflächig)

20 Park + 3 Schiff + 19 Turm + 31 Sonne und Lilie in der Nähe	asiatische Länder und Thailand außer Japan und Orient	*Rheinland* 9 Blumen + 34 Fische	*betrifft:* Weingebiete, Seen, kleine Flüßchen
3 Schiff + 21 Berg	Ausland	*Rhein-Main-Gebiet* 24 Herz + 4 Haus	*betrifft:* große Ballungszentren, handels- und Bevölkerungsmäßig
4 Haus + 19 Turm + 17 Störche + 3 Schiff + 21 Berg	Ausland, weiter weg	*Ruhrgebiet* 6 Wolke + 19 Turm	Industriegebiet, Fabriken
1 Reiter + 22 Wege + 15 Bär	Balkanländer	10 Sense	England
14 Fuchs + 31 Sonne	China	3 Schiff + 19 Turm	Europa
18 Hund	Deutschland	9 Blumen	Frankreich
21 Berg	Bayern	3 Schiff + 19 Turm	bis zur Grenze
Bodensee 34 Fische + 22 Wege	*betrifft umliegende Gebiete:* mit viel Wasser und Seen	19 + Turm + 22 Wege	Grenzüberschreitung
		16 Sterne	Grönland und Nordpol
Hunsrück, Westerwald, Taunus, Odenwald, Schwarzwald 5 Baum + 9 Blumen	*betrifft:* Rheinland-Pfalz, Hessen, Baden-Württemberg, waldreiches Land, viele Ausflugsziele und Sehenswürdigkeiten, Burgen, Schlösser, Weinanbaugebiete	19 Turm + 3 Schiff	Holland
		9 Blumen + 31 Sonne + 33 Anker	Inseln, kleine, im Meer (mini)
		13 Kind	Italien
		5 Baum	Irland
Norddeutschland 3 Schiff + 35 Anker 16 Sterne + 22 Wege	*betrifft:* Küsten- und Hafenstädte, flaches Land	14 Fuchs	Japan

3 Schiff + 21 Berg + 19 Turm + 20 Park + 30 Lilie	Kanada
31 Sonne + 33 Anker	Mittelmeer (südliche Hafenstädte und Küstenländer)
1 Reiter + 33 Sonne + 10 Sense	Mongolei
3 Schiff + 21 Berg + 19 Turm + 20 Park + 31 Sonne	Orient Südasien Südamerika Australien
1 Reiter	Österreich/Ungarn
3 Schiff + 21 Berg + 19 Turm + 20 Park + 30 Lilien + Bär	asiatisches Rußland
3 Schiff + 21 Berg + 15 Bär	Rußland
21 Berg + 30 Lilie	Schweiz
9 Sense + 19 Turm	Schottland
31 Lilie	Skandinavien
31 Sonne	Spanien
16 Sterne + 32 Mond + 31 Sonne	Südpol
14 Sense + 32 Mond	Türkei

Jahreszeiten

9 Blumen	Frühling
31 Sonne	Sommer
5 Baum	Herbst, Spätsommer
30 Lilie o. 16 Sterne	Winter

Tageszeiten

16 Sterne	Nacht
31 Sonne	Sonnenaufgang
31 Sonne	um die Mittagszeit
32 Mond	Abenddämmerung oder Frühdämmerung, je nach Jahreszeit

Klimaentsprechung

16 Sterne	Eis, Frost, kalt
30 Lilie + 16 Sterne	eiskalt
30 Lilie	Schnee, kühl
11 Sense + 21 Berg + Lilie + Sterne	Lawinengefahr
6 Wolke	Nebel

34 Fische	Regen	1 Reiter	flink
34 Fische + 31 Sonne	Sommerregen	34 Fische	glitschig, dünn
11 Sense + 6 Wolke	schwül	21 Berg	grob
11 Sense + Sonne	Gewitter	21 Berg	groß, stark, gutmütig
31 Sonne	heiß	19 Turm	hoch
11 Sense + 16 Sterne	Hagel	16 Sterne	klar
16 Sterne + 34 Fische	Eisregen	13 Kind	klein, anschmiegsam
9 Blumen + 31 Sonne	frühlingshaft, freundlich	13 Kind/14 Fuchs	klein und zierlich
5 Baum + 31 Sonne	lau, mild	2 Klee	kurz
		21 Berg	rauh, engstirnig

Eigenschaften
Alphabetische Reihenfolge

1 Reiter	aktiv,	18 Hund	sanft, treu
15 Bär	breit	11 Sense	schmal
18 Hund	devot, dienend	14 Fuchs	schlank
15 Bär	dick	32 Mond	sensibel
16 Sterne	fein	34 Fische	tief
35 Anker	fest, hart	32 Mond	tiefsinnig
27 Brief	flach, dünn, oberflächlich	31 Sonne	warm
		6 Wolke	weich

Geld und Kapital

34 Fische	
11 Ruten + 34 Fische	Diskussionen über Geld
14 Fuchs + 34 Fische	falsche Handhabung
10 Sense bei den 34 Fischen	Gefahr fürs Geld
34 Fische + 11 Ruten	Geldgespräche
34 Fische + 13 Kind	Geld, kleines
7 Schlange + 34 Fische	Geld kommt auf Umwegen
1 Reiter + 34 Fische	Geld kommt, positive Geldangelegenheiten
8 Sarg + 34 Fische	Geld kommt zurück, das verlorengegangen war
2 Klee + 34 Fische	kurzfristiges Geld
21 Berg + 6 Wolke + 34 Fische	Geldmangel, privat
6 Wolke + 35 Anker + 34 Fische	Geldmangel, geschäftlich
21 Berg + 20 Park + Fische	Geldmangel, allgemein
34 Fische + 23 Mäuse	Geldschwund, (Schwindsucht im Portemonnaie)
34 Fische + 27 Brief	Geldüberweisung/Scheck
35 Anker + 34 Fische	Geldstabilität
8 Sarg + 34 Fische	Geld in Werten angelegt, (totes Kapital)
6 Wolke + 34 Fische	Geldverlust, vorübergehend
34 Fische + 23 Mäuse	Geldverlust, durch eigenes Verschulden oder Unachtsamkeit
12 Eulen + 34 Fische	Geld, doppeltes (von 2 verschieden Seiten erhalten)
21 Berg + 34 Fische	Sparsamkeit mit Geld
19 Turm + 21 Berg + 34 Fische + Dame	Geiz in Geldangelegenheiten (die Dame)
Herr + 34 Fische + 21 Berg + Turm	Geiz in Geldangelegenheiten (der Herr)
16 Sterne + 34 Fische	circa 1.000 DM
34 Fische + 13 Kind	weniger als tausend DM
34 Fische + 16 Sterne + Sonne	in Zehntausenderhöhe
16 Fische + 16 Sterne + 32 Mond + 31 Sonne	in Hunderttausenderhöhe
35 Anker + 34 Fische + 32 Mond + 31 Sonne + Turm	in Millionenhöhe

Sofortige Entscheidungen

Wie wir bereits wissen, enthalten die Karten der Mlle Lenormand umfassende Aussagen. Doch manches Mal benötigen wir nicht Hunderte von Antworten, wir wollen nur wissen, wie wird mein heutiger Tag, was bringt er mir, was kommt auf mich zu, wie werde ich mich fühlen.

Sie stehen morgens auf, vielleicht mit einem strahlenden Lächeln und guter Laune oder schlecht ausgeschlafen und gereizt. Und nun, was bringt mir der heutige Tag, wie geht er weiter, wird er positiv oder negativ für mich verlaufen? Auch diese an und für sich einfachen und klaren Antworten können Sie mit diesen Karten erhalten. Dazu arbeite ich wie folgt. Mit etwas Übung funktioniert es auch bei Ihnen. Ein Beispiel für Ihre Frage wäre:

Wie wird mein heutiger Tag?

1. Mischen Sie die Karten.

2. Konzentrieren Sie sich auf die Karten.

3. Ziehen Sie mit geschlossenen Augen drei Karten.

4. ohne auf die Bedeutung der Karten zu achten.

Die Antworten sind:
Sind es drei rote Karten, so verläuft der Tag äußerst positiv.

Ziehe ich zwei rote und eine schwarze Karte, so heißt das überwiegend positiv.

Ziehe ich eine rote und zwei schwarze Karten, bedeutet es negativ durchwachsen, doch nicht alles geht schief.

Zieht man aber drei schwarze Karten, heißt das wirklich negativ. Das ist nun mal nicht einer der glücklichsten Tage. Versuchen Sie bewußt, das Beste daraus zu machen.

Am Anfang habe ich diese einfache Methode nicht so ernst genommen, doch inzwischen schätzengelernt. Mir persönlich hat diese kurze und schnelle Legung schon viel geholfen. Sie hat sich im Laufe meiner jahrelangen Praxis als äußerst zuverlässig erwiesen. Falschaussagen oder Fehler schleichen sich nur ein, wenn der Mensch sich nicht genügend bei dem Kartenmischen konzentriert, abschweift und an alles andere nur mögliche denkt. Genau diese Antworten sind dann in den drei Karten zu finden. Mit der Zeit lernen auch Sie, richtig damit umzugehen.

Zur Überprüfung der Haltbarkeit der Aussagen ist es sinnvoll, diese in ein Heftchen zu schreiben.

Dringende Entscheidung

Es kommt sehr oft vor, daß man vor einer dringenden Entscheidung steht, die absolut keinen Aufschub duldet. Manchmal sind es auch nur Dinge, die einem wichtig erscheinen. Sofort jetzt, hier und heute muß man sich entscheiden. Dabei gehen Sie wie folgt vor:

1   Mischen Sie bitte alle 36 Karten.

2   Legen Sie drei Päckchen mit der linken Hand verdeckt auf den Tisch (Kartenbild nach oben).

3   Drehen Sie diese Päckchen jetzt bitte um.

4   Sehen Sie sich genau die vor Ihnen liegenden drei Karten an.

5   Deuten Sie die Antwort.

Spontane und intuitive Antworten für eine andere Person

Manchmal kommt es vor, daß Sie von jemandem angerufen werden, sei es ein Fremder, ein Freund oder eine Freundin, der verzweifelt ist, und sofort eine Frage beantwortet haben möchte. Der Fragende befindet sich in großer Not, sagt, er wisse nicht mehr weiter und auch nicht, was er noch tun könne und wie er sich entscheiden solle.

Sagen Sie dem Ratsuchenden bitte, er möchte Ihnen 3 Zahlen nennen, zwischen 1 und 36.

Legen Sie sich die Karten offen in der gesagten Reihenfolge vor sich hin.

Konzentrieren Sie sich auf die genannten Zahlen und die Kartenbilder.

Sagen Sie ihm spontan, was Sie darin für ihn sehen.

Musterbeispiele und Lösungen

Er muß sich dringend entscheiden in/durch, wegen . . .

a) einer beruflichen Situation
b) einer Geldangelegenheit
c) einer Verabredung
d) einer Beziehung
e) einer Antwort
f) eine dritte Person
g) Lebensfragen

a) Entscheidung einer beruflichen Situation
Heute muß ich mich entscheiden, ob ich eine neue Arbeit annehmen soll. Das Angebot ist für mich sehr verlockend. Doch ich bin verunsichert, weil mein jetziger Arbeitsplatz krisensicher ist. Was soll ich tun?

Ich mische die Karten und konzentriere mich nur auf diese eine Frage.

Soll ich die neue Arbeitsstelle annehmen?

Ich mache mit der linken Hand drei Päckchen und decke sie auf.

Beispiel: Karte Dame 29 + Fuchs 14 + Park 20

Das Kartenbild sagt mir, ich selbst ((29) Dame), soll mich schlau ((14) Fuchs), verhalten. Offen und ehrlich zu mir selbst sein. Mich fragen, ob ich die Gesellschaft ((29) Park, Arbeit) wirklich verlassen möchte.

Da diese drei Karten auch dunkle Bilder zeigen, Fuchs (Kreuz – schwarz), Park – (Pik – schwarz), raten die Karten zu keinem Arbeitsplatzwechsel.

b) Entscheidung in einer Geldangelegenheit
Ich habe mich finanziell übernommen. Die Bank hat mich mehrmals angemahnt, doch aus Angst habe ich den Konflikt gemieden. Nunmehr ist dieser besagte Termin ebenfalls heute verstrichen.

gewährt mir die Bank noch einen Aufschub in dieser Angelegenheit?

Beispiel: Karte Klee 2 + Ruten 11 + Baum 5
Das Kartenbild sagt mir: Es finden kurze Gespräche statt (Klee + Ruten). Danach wird wieder Beruhigung für meine Angelegenheiten und meine Zukunft (Baum) eintreten. Also geht diese Geschichte mit der Bank für mich überwiegend positiv aus, und ich bleibe weiterhin Kunde dieser Bank.

c) Entscheidung wegen einer Verabredung
Heute abend soll meine Verabredung stattfinden. Ich bin nervös, denn er ist kein einfacher Gesprächspartner. Ich bin unsicher, ob ich nicht doch noch absagen soll.

Frage: Wie wird es?

Karte Sense 10 + Reiter 1 + Schlüssel 33

Das Kartenbild sagt mir: Bei dem Treffen soll ich den Dingen einfach ihren Lauf lassen. Den Beitrag, den ich an Aktivitäten dazu leisten kann, erbringe ich. Mein Gesprächspartner muß selbst wissen, was er daraus macht. Da alle drei Karten rot sind, kann ich dem Treffen positiv entgegensehen.

d) Entscheidung wegen einer Beziehung
Mir ist aufgefallen, daß sich ein Mann anscheinend für mich interessiert. Lohnt es sich, sich darauf einzulassen?
Was geschieht daraus?

Beispiel: Karte Schiff 3 + Hund 18 + Herz 24

Das Kartenbild sagt aus: Es kommt zu einer herzlichen Freundschaft, wir werden uns gut verstehen. Die Beziehung entwickelt sich herzlich und positiv. Da zwei von den drei Karten rot sind, deuten sie ebenfalls auf einen weiteren positiven Verlauf.

e) Entscheidung wegen einer Antwort
Ich warte dringend auf eine Antwort von einer Person

Kommt diese Antwort?

Karte: Schlüssel 33 + Reiter 1 + Buch 26

Das Kartenbild sagt aus: Mit hundertprozentiger Gewißheit kommt die Nachricht, auf die ich so dringend warte. Doch daß die Nachricht kommt, ist noch – ein verschlossenes Geheimnis – nicht spruchreif (Buch).
Da alle drei Karten rot sind, kann ich mich ganz sicher darauf verlassen, daß diese Antwort bei mir eintrifft. Jedoch eine Zeitangabe, wann dies sein wird, ist nicht möglich.

f) Entscheidung durch eine dritte Person
Ich kann eine Entscheidung nicht treffen und bin in meinem weiteren Vorgehen blockiert. Ich bin vom Ja oder Nein einer dritten Person abhängig.

Werde ich diese Entscheidung erhalten?

Karte Reiter 1 + Hund 18 + Sonne 31

Das Kartenbild sagt aus: Die Sache wird lebendig. Die Dinge kommen in Gang, in Bewegung durch die Verbindung der gemeinsamen freundschaftlichen Unternehmungen. Da zwei von den drei Karten rot sind, weist dies auf einen positiven Verlauf hin.

g) Entscheidung in einer Lebensbindung
Ich bin in einer Partnerschaft und habe mich auf ein sexuelles Abenteuer außer Haus eingelassen. Ich leide seelische Qualen, weil ich doch in einer Partnerschaft bin. Ich möchte wissen;

spielt dieses sexuelle Abenteuer noch mal eine Rolle?

Karte Turm 19 + Hund 18 + Sarg 8

Das Kartenbild sagt mir; eindeutig nein. Denn der Turm steht für die absolute Trennung einer sexuellen Freundschaft. Da hier zwei rote Karten liegen, ergibt das Ganze trotz Turms ein positives Bild. Das bedeutet, ich werde nicht weiter unter dieser Angelegenheit leiden. Sie löst sich einfach aus meinem Kopf auf (Sarg).

Krankheitskombinationen

In den nachfolgenden Kombinationen der Karten werden Krankheiten aller Art angezeigt. Es stellte für uns eine große Überlegung dar, ob wir dieses Wissen unseren lieben Lesern so direkt zur Verfügung stellen. Doch wir denken, in unserem jetzigen Zeitalter ist es nicht mehr angebracht, mit Wissen und Weisheit Geheimniskrämerei zu betreiben. Jedoch möchten wir darum bitten, ganz besonders bedachtsam mit diesem Teil des Buches umzugehen.

Bitte beachten Sie: Bevor sie Aussagen über irgendwelche Krankheiten und Tod für sich und andere machen, sollten Sie sich erst hundertprozentig sicher sein, daß Sie das Kartenblatt perfekt beherrschen, ansonsten tragen Sie eine zu große Verantwortung.

Sollten Sie zum Beispiel gerade kränkeln, so ist es durchaus hilfreich, die Aussagen der Karten zu berücksichtigen, bei harmloseren Angelegenheiten gegenzusteuern und bei ernsten Geschichten umgehend den Arzt aufzusuchen.

Gerade beim Kränkeln will uns die Seele darauf hinweisen, daß wir anders mit uns umgehen müssen. Denn wir sind nicht krank, wir schreien mit kleinen Wehwehchen nach Aufmerksamkeit, Liebe, Anerkennung, etwas nicht mehr hören können, etwas nicht mehr riechen können, dem Schnupfen (schniefen) als innerlichem Hilferuf. Halten Sie ein, nehmen Sie sich eine kurze Auszeit, sei es ein Wochenende für sich allein, ein Tag oder auch nur ein einziger Abend. Nehmen Sie Ihren Verstand, um sich Fragen zu stellen, in etwa so: Was paßt mir nicht, was stört mich, was »stinkt« mir so, daß ich nicht fit bin. Notieren Sie sich die Fragen. Nehmen Sie Ihre Intelligenz und Ihre Intuition zu Hilfe, und beantworten Sie diese Fragen ganz ehrlich und offen zu sich selbst. Danach entscheiden Sie diese Teile Ihres Lebens neu.

Der erste Schritt zur Heilung geschieht allein dadurch, daß die Ursache der Krankheit erkannt wird. Der zweite Schritt besteht darin, zu sagen: Ich will gesund werden, und wie kann es anders sein, der dritte Schritt ist, gesund zu werden und zu bleiben. Es ist ganz einfach, genauso einfach wie das kausale Gesetz von Ursache und Wirkung. Verändern Sie die Ursache (den Herd des Kränkelns), erhalten Sie eine neue Wirkung (die Gesundheit).

Sollten Sie von Ihren Klienten danach gefragt werden, bestehen Sie bei ernsten Angelegenheiten auf einem Arztbesuch. Setzen Sie Ihr ganzes psychologisches Können und Einfühlungsvermögen ein, um Menschen nicht noch mehr zu verunsichern. Immer ärztlichen Rat einholen, keine Panik verbreiten, ruhig bleiben, Mut machen.

*Literaturhinweis: Mentaltraining und Selbsthypnose, Corona Verlag, Hamburg

Bitte denken Sie daran: Machen Sie keine deprimierenden Aussagen, wenn Sie nicht absolut sicher sind. Das gleiche gilt auch für Sie selbst. Überbewerten Sie nicht Ihr eigenes Kartenblatt, und lassen Sie sich nicht ängstlich machen und hinunterziehen. Versuchen Sie, auch sich selbst gegenüber neutral zu bleiben.

Bitte noch mal den Hinweis: Diese Aussagen über Krankheiten ersetzen keine ärztliche Diagnose, sondern dienen dazu, um vorbeugend rechtzeitig den Arzt zu konsultieren!

Zuordnungen

Die Karte Nr. **1 Reiter** wird generell den Beinen, von der Leistengegend bis einschließlich der Füße, und den Hüftgelenken zugeordnet.

Reiter + Sense	Sehnenzerrung in den Beinen
Reiter + Bär	schwere Beine, schlecht laufen können
Reiter + Sonne	Schwitzen

Die Karte Nr. **2 Klee** ist wie in fast jeder Aussage nur etwas Vorübergehendes, etwas Kurzes. Man ist vorübergehend unpäßlich, schwach, matt, empfindlich, sensibel. Nur kurzfristig, 2 Stunden, 2 Tage, 2 Wochen.

Die Karte Nr. **3 Schiff** findet die Zuordnung zur Blase und auch der Seele.

Schiff + Sarg	Reisekrankheit, Ohnmacht, Übelkeit
Schiff + Berg + Sterne	Diabetes

Die Karte Nr. **4 Haus** wird dem Körper allgemein zugeordnet, man spricht vom ganzen Körper.

Haus + Wolke + Kreuz	Körperschwäche, Immunschwäche, Körperausdünstung, Körpergeruch durch Krankheit, Hautfarbe fahl, Gelbsucht
Haus + Bär	Fettleibigkeit, extrem
Haus + Turm + Sense + Sarg + Kreuz	steht für einen schnellen Tod, keine Leidens- oder lange Sterbezeit
Haus + Berg + Wolke + Kreuz	Siechtum, langsames Sterben, langsamer Tod
Haus + Mäuse	Krankheit ist noch nicht ausgebrochen

Haus + Fische	Gallenblase	Baum + Mäuse	Krankheit; körperlich, nicht psychisch bedingt, Organverfall
Haus + Fische + Ruten + Kreuz	Gallenblasenerkrankung durch seelische Belastung entstanden	Baum + Mäuse	Krankheit: immer körperlich, nicht durch die Seele
		Baum + Sonne	stabile Gesundheit, gute Kondition
		Baum + Sonne + Kind	Geburt, normal

Die Karte Nr. **5 Baum** untersteht dem Lebensbaum und Wachstum.

Baum + dunkle Wolke	Krankheit	Baum + Mond	Neigung zu Depression
Baum + helle Wolke	Krankheit geht fix vorbei	Baum + Fische + Schiff	Wasseransammlung im Körper, Stauungen
Baum + Sarg	Seele bringt Krankheit, die noch abwendbar ist	Baum + Kreuz + Personenkarte	Tod kommt mit Sicherheit, aber es dauert noch lange
Baum + Blumen	Gewächse, Myome, Verwachsungen, Geschwüre		
Baum + Eulen	innerlichen Schwankungen unterworfen		

Die Karte Nr. **6 Wolke** wird der Luft, den Atemwegen, Lunge und dem Brustbereich zugeordnet. Sie stehen für Situationen, die leicht kränkeln, seelischen Schwankungen unterliegen, gespalten sind.

Baum + Bär	langes, altes Leben		
Baum + Störche + Sense	Kaiserschnitt, schwere Geburt	Wolke + Kind + Sense	Fehlgeburt, gewünschte (Abtreibung)
Baum + Störche + Kind	Schwangerschaft	Wolke + Sarg	Krankheit zieht sich hin
Baum + Störche + Fuchs	Fehlgeburt	Wolke + Sarg + Reiter	Fußgelenkebruch (Unfall), Fußgelenkeanschwellung
Baum + Störche + Mäuse	unfruchtbar		

Wolke + Sarg + Ruten	Handgelenkebruch (Unfall)
Wolke + Sarg + Kreuz	Todesfall, Erlösung durch den Tod
Wolke + Sense + Ruten	Unfallgefahr
Wolke + Kind + Baum	Alzheimer, Rückbildung, (fällt in die Kindheit zurück)
Wolke + Fuchs	Hals-, Mandel- und Atemerkrankungen
Wolke + Störche + Sense	Abtreibung
Wolke + Mäuse	schwere Krankheit
Wolke + Lilie + Sarg	Unklarheiten im Unterleib
Wolke vor der Lilie daneben Sense	Gebärmuttersenkung, Operation
Wolke + Mond	sehr depressiv, negativ
Wolke + Mond + Sarg	geistesgestört, Besessenheit
Wolke + Kreuz + Sense	Krebsgefahr
Wolke + Kreuz + Fuchs	falsche Krebsgefahr

Die Karte Nr. **7 Schlange** wird dem Darm, Dickdarm, der Nabelschnur und der Wirbelsäule vom Genick bis zum Steißbein zugeordnet.

Schlange + *darunter*: Wolke	Luftröhre
Schlange + Schiff + Berg	Falten

Die Karte Nr. **8 Sarg** findet die Entsprechung in der Krankheit. Verlust des Lebensmutes, Depressionen, sich aufgeben, hängenlassen, gehenlassen.

Sarg + Wolke	Lungenentzündung
Sarg + Sense + Kreuz	sicherer Todesfall durch Krankheit
Sarg + Sense + Kreuz + Personenkarte	diese Person stirbt
Sarg + Ruten	stumm (keine Stimme)
Sarg + Fuchs	nur falsch behandelt, keine falsche Krankreit, Diagnose richtig
Sarg + Hund	ein Freund erkrankt, kann auch ein Tier sein
Sarg + Mäuse	Magen-, Darmerkrankung, Krankheit verschlechtert sich, totaler Verlust, starke Depressionen
Sarg + Mond	
Sarg + Wege	Venenerkrankung

Sarg + Herz	schwere Herzkrankheit, auch seelisch, schlechtes Blutbild, meistens zu wenig rote Blutkörperchen
Sarg + Berg + Sense	Kopf, Warze, Furunkel
Sarg + Sonne	kurzfristig schmälernde Kraft, Erschöpfung

Die Karte Nr. **9 Blumen** wird den Gewächsen, Myomen, Verwachsungen, Geschwüren und dem Ausschlag zugeordnet. Bleibende Allergie, kommt immer wieder, zum Beispiel Pollen oder allergisch bedingte Haut.

Blumen + Wolke	Bronchialasthma
Blumen + Ruten oder: Eulen oder: Wege	vegetatives Nervensystem
Blumen + Kind	kleine Geschwulst, Kinderkrankheiten, meist harmlos
Blumen + Berg oder: Turm	nur vorübergehend
Blumen + Baum + Sense	es hält sehr lange an (befindet sich eine Personenkarte im Umfeld, so deutet es auf Vererbung hin)
Blumen + Sarg + Sense	Gürtelrose

Die Karte Nr. **10 Sense** ordnen wir dem Kopf, Zähnen, Augen, Ohren, nur äußerlich, und den Halswirbeln zu. Die Sense weist auf Entzündungen und Schnittverletzungen hin.

Sense + Baum	Lebensgefahr, Leben hängt am seidenen Faden
Sense + *darunter*: Wolken (siehe auch Schlange + *darunter* Wolken)	Luftröhre
Sense + Wolke + Kind	Abtreibung (Schwangerschaftsabbruch, offiziell)
Sense + Sarg + Kreuz	plötzlicher unerwarteter Todesfall
Sense + Personenkarte	Aggressionen
Sense + Ruten + Wege	Wadenkrampf
Sense + Ruten	Schnittverletzungen mehrere
Sense + Turm	1 Schnittverletzung
Sense + Berg	Miniskus, Arthrose im Knie
Sense *darunter*: Mäuse	Bauchspeicheldrüse
Sense + Herz	hoher Blutdruck, akute Lebensgefahr

Sense + Herz + Ruten   Herzschrittmacher

Sense + Lilie + Sterne   Narkose

Sense + Sonne   Fieber

Sense + Fische   Hinweis auf Schilddrüse

Sense + Anker   Operation, Eingriff, Metall, Nägel, Spritze

Die Karte Nr. **13 Kind** betrifft die allgemeinen Kinderkrankheiten, von denen hin und wieder auch Erwachsene betroffen sind.

Die Karte Nr. **14 Fuchs** wird Hals, Nase, Ohren und den Geschmackssinnen zugeordnet.

Fuchs + Baum   falsche Lebensweise

Fuchs + Bär   Haare

Die Karte Nr. **11 Ruten** findet ihre Entsprechung in den Händen und Gelenken.

Ruten + Wolke   Gelenkschmerzen

Ruten + Sarg   Rheuma

Ruten + Berg   Sprachbehinderung

Die Karte Nr. **15 Bär** betrifft die Schultern, Schwerfälligkeit und auch dicke Beine.

Die Karte Nr. **16 Sterne** findet in der Haut und im klaren Gedächtnis ihre Entsprechung.

Sterne + Sarg   Hauterkrankung

Sterne + Sarg + Kreuz   chronische Hauterkrankung, kann lebenslang sein

Sterne + Berg   Akne, Pickel

Sterne + Berg + Eulen + Sarg   Unklarheiten, zeitweilige Gedächtnisstörungen

Die Karte Nr. **12 Eulen (Vögel)** wird den Venen zugeordnet. Auch den Beinen, es betrifft unterschiedliche Beine, meistens ein Bein kürzer bzw. dünner.

Eulen + Herz   nervöses Herzflattern

Die Karte Nr. **17 Störche** wird den Beinen zugeordnet und betrifft die Schwangerschaft.

Störche + Lilie + Kind + Anker   Kind liegt fest im Becken

Störche + Lilie + Kind   Schwangerschaft

Die Karte Nr. **18 Hund** wird dem Genesungsverlauf zugeordnet. Es bedeutet immer, man muß sich in Geduld fassen. Therapie oder Kuraufenthalt ist angedacht und evtl. schon eingereicht.

Hund + Ruten   Stimme, Stimmbänder

Die Karte Nr. **19 Turm** wird dem Rückgrat, der Wirbelsäule, einzelnen Fingern und dem Hals zugeordnet.

Turm + Wolke   Schmerzen im Finger

Die Karte Nr. **20 Park** findet ihre Zuordnung in leichten Gebrechen, Behinderung, entweder von Geburt an oder durch Unfall.

Die Karte Nr. **21 Berg** steht für den Kopf, Schädelplatte, Knochen, Knie, Steinbildung, auch Zähne, Neigung zur Verkalkung, Skelett und Kropf.

Berg   Kropf

Berg + Ruten   Bandscheibe, Knochen

Berg + Eulen + Sarg   Knochenbruch, evtl. Sehnenriß, Vorsicht vor Treppen oder unwegsamen Wegen – Unfallgefahr –

Die Karte Nr. **22 Wege** ist im Krankheitsbild immer eine sehr gute Karte. Sie bedeutet, gleichgültig an welcher Krankheit der Fragende leidet, er ist auf dem Weg der Besserung.

Die Karte Nr. **23 Mäuse** wird dem Magen, Darm, Verdauungstrakt, der Leber und den Innereien zugeordnet.

Mäuse + Schlange   Magen- und Darmerkrankungen

Die Karte Nr. **24 Herz** steht für das Herz.

Herz + Wolken	Herzschwäche, schwankender Blutdruck
Herz + Sarg	Herzkrankheit, schwere
Herz + Blumen + Wege *oder:* Herz + Blumen + Ruten	Herzkranzgefäße
Herz + Ruten	Herzrhythmusstörung
Herz + Mäuse	Herzneurosen
Herz + Fische	dünnes Blut
Herz + Kreuz *oder:* Kreuz und Herz	Herzschlag

Die Karte Nr. **25 Ring** zeigt keine konkrete Krankheit an. Hier handelt es sich um Krankheiten, deren wahre Ursachen im verborgenen bleiben. Das bedeutet, daß nur das Symptom behandelt und kuriert wird, die Ursache jedoch nicht erkannt wird. Daraufhin sucht sich die Krankheit die nächste Schwachstelle im Körper des Menschen, um ein neues Symptom hervorzurufen.

Ring + Anker + Fische	Krankheiten, die Symptomverschiebungen sind

Die Karte Nr. **26 Buch** spiegelt Krankheiten, dessen Ursachen nicht gefunden werden, und Ergebnisse bleiben unbefriedigend.

Die Karte Nr. **27 Brief** wird dem Untersuchungsergebnis zugeordnet.

Die Karte Nr. **28 Herr** enthält keine Krankheitsbilder, da es sich immer um den Fragenden handelt.

Die Karte Nr. **29 Dame** entspricht analog dem Herrn.

Die Karte Nr. **30 Lilie** wird dem Unterleib, Hormonen und den Geschlechtsorganen zugeordnet.

Person + Kreuz + Lilie	Verlust der Gebärmutter (kommt noch oder war schon)
Lilie + Wolke	Pilzerkrankung
Lilie + Wolke + Sarg	Geschlechtskrankheit

Lilie + Wolke + Sarg *in der Nähe der Lilie*	Erkrankung der Eierstöcke
Ruten *oder* Eulen	Erkrankung der Eierstöcke
Lilie + Turm + Kreuz	Impotenz

Die Karte Nr. **31 Sonne** findet ihre Entsprechung in den Augen. Sie steht für Kraft, Energie, Lebenswille, schnelle Gesundung.

Sonne + Wolke	Sehschwäche
Sonne + Sarg	nur geringer Lebenswille, müde und schlapp
Sonne + Sarg + Wolke	negative Gedanken, geringer Lebenswille
Sonne + Eulen	unterschiedliche Sehstärke

Die Karte Nr. **32 Mond** wird dem Gehirn und einem aktiven Geist zugeordnet. Oftmals deutet der Mond auf Phantomschmerzen hin.

Mond + Schiff	Gehirnflüssigkeit
Mond + Berg	geistige Blockaden
Mond + Berg + Sterne	Phantomschmerzen

Die Karte Nr. **33 Schlüssel** steht für die Gewißheit über den gesundheitlichen Zustand.

Schlüssel + Anker	Schlüsselbein

Die Karte Nr. **34 Fische** symbolisiert Niere, Blase, Seele, auch Wasseransammlungen im Körper. Mit anderen negativen Karten zusammenfallend stehen die Fische für seelische Krankheiten.

Fische + Sarg	Nierenerkrankung, Lymphsystem
Fische + Sarg + Sense	Nierenentzündung hat begonnen
Fische + Sense + Sarg	Schilddrüsenerkrankung
Fische + Sense + Sarg + Anker	Nierenbeckenentzündung
Fische + Ruten + Eulen + Mond	gespaltene Seele (schizophren)
Fische + Wege	Lymphdrüsen (Stauungen)

Die Karte Nr. **35 Anker** wird dem Becken, der Hüfte, dem Schenkel und dem Steißbein zugeordnet.

Die Karte Nr. **36 Kreuz** ist karmisch.
Das Wort »karmisch« liest sich so endgültig, so unabwendbar wie Schicksal, oder es kommt so, wie es kommen muß. Doch dem ist nicht so: Sie und ich, wir wissen, Karma ist das Gesetz von Ursache und Wirkung, und wir können heute eine neue Ursache als positiven Akzent in unserem Leben setzen, und dadurch werden wir morgen oder in Jahren eine neue erwünschte Wirkung erhalten. Auch gegen karmisch bedingte Krankheiten können Sie im Hier und Jetzt etwas dagegen tun, um ein gutes, freudvolles Leben in relativer Gesundheit zu führen.

Kreuz + Reiter + Wolke	Asthma
Kreuz + Baum + Person	Tod ist abwendbar
Kreuz + Sense	Verletzung (Verbrechen, durch äußere Gewalteinwirkung)
Kreuz + Sense + Turm	Verletzung, die zum Tod führt
Kreuz + Ruten	Steißbein
Kreuz + Turm + Sarg	Rückgrat, Wirbelsäule

Anmerkung des Verlages: Die hier aufgeführten Aussagen über Krankheiten entstanden aus über zwanzigjähriger kartenlegerischer Erfahrung und hellseherischer Fähigkeit der Autorin. Im nachhinein wurden diese detaillierten Aussagen über Krankheiten immer wieder durch die Ratsuchenden bestätigt. Oftmals wurden die Aussagen zu einem Strohhalm oder auch zu einer Gewißheit im Umgang mit der Krankheit. Sie brachten vielen Menschen Trost und Hilfe.

Doch um eines möchten auch wir, der Corona Verlag, Sie, liebe Leser, nochmals bitten: Gehen Sie sehr bedachtsam damit um. Bitte bedenken Sie immer wieder: Kartenlegen, Hellsehen und noch so hundertprozentige Kartendeutungen können keinen Arztbesuch ersetzen.

Literaturempfehlung zu diesen Themen: »Eine Reise in die Ewigkeit«, »Das Abendländische Totenbuch« und »Mentaltraining und Selbsthypnose«.

Berufe mit Kombinationen

Zunehmend werden Fragen nach dem Beruf und der beruflichen Zukunft gestellt. Denn heute ist es nicht mehr sichergestellt, daß Sie bis zum Lebensende den von Ihnen mal erlernten Beruf ausüben. Und es ist nicht gesagt, daß Sie darin glücklich sind.

Auch hier können Sie durch die Aussagen der Mlle-Lenormand-Karten wertvolle Hinweise auf Ihr zukünftiges weiteres berufliches Vorgehen erhalten. Sie erkennen, ob Sie bereits die richtige Wahl getroffen haben oder eine Kurskorrektur vornehmen sollten, die Ihnen dann auch gleichzeitig Beruf und Berufung ist.

Über die Karte **35**, der Anker, und die Karte **4**, das Haus, finden Sie in den nachfolgenden Kombinationen die beruflichen Zuordnungen.

Anker Karte Nr. 35

Anker + Reiter + Haus	Sportgeschäft, Gestüt, Reitstall
Anker + Reiter + Kind	Taxi
Anker + Klee	Berufe mit kurzfristigem, glücklichem Einsatz
Anker + Schiff	Geschäftsreisen, Beruf mit Reisen
Anker + Haus + Park	großes Unternehmen, viel Publikumsverkehr
Anker + Park + Blumen	Arbeit mit vielen Menschen
Anker + Turm	Selbständigkeit

Haus Karte Nr. 4

Haus + Reiter + Schiff	Reisetätigkeit, Fremdenführer
Haus + Reiter + Lilie	immer Durchgangsverkehr (Gedanken an die Familie)
Haus + Reiter + Lilie + Park + Fische + Herz	Prostitution in einem Haus
Haus + Baum	Lebensstellung
Haus + Wolken	Weiterbildung (Studium)
Haus + Wolken über dem Anker liegend	Beruf mit Chemie und Gasen
Haus + Sarg	Krankenpflege, Schwarzarbeit, evtl. Schwierigkeiten im Beruf, sich nicht wohl fühlen
Haus + Blumen	Florist, Maler, Künstler, Arbeit, die Freude bereitet

Haus + Blumen mit Sarg	Pflegerin Betreuerin Krankenschwester	Haus + Kind	Beruf mit Kindern (Arbeit in kleinen Teams) Neubeginn einer Tätigkeit Kleinbetrieb
Haus + Blumen auf dem Turm oder Blumen + Turm	Heilpraktiker	Haus + Fuchs	falscher Beruf ein Beruf mit Falschheit
Haus + Sense + Fische	alles mit Computer	Haus + Fuchs + Buch + Sense	Spionage Geheimdienst gefährliches Schnüffeln
Haus + Sense vor dem Anker	gefährlicher Beruf	Haus + Buch + Fuchs	Detektiv, Routineaufträge
Haus + Sense	Beruf mit Metall	Haus + Bär + Fuchs	mit Pelzen oder Tieren
Haus + Sense + Sonne	Elektriker	Haus + Sterne	Astrologie Medizin Pharmaindustrie (Arznei)
Haus + Sense + Reiter oder Reiter + Haus + Sense	Gerichtsvollzieher	Haus + Sterne	Astronom – Sterndeuter
Haus + Ruten + Brief	Sekretärin, Schreibmaschine	Haus + Sterne auf dem Turm, (links das Haus, rechts die Sterne)	Arzt oder sehr hohe Persönlichkeit
Haus + Ruten	zwei Tätigkeiten Beruf über Kommunikation, Sprachen Dolmetscher usw.	Haus + Störche	Veränderung im Beruf Student
Haus + Eulen	zwei Berufe Sozialarbeit Polizei hektischer Beruf	Haus + Störche + Ruten	Wechsel innerhalb des Betriebes, Veränderung in artverwandter Richtung
Haus + Eulen + Sarg	Altenpflege	Haus + Hund	freundlicher Beruf (dienen und bedienen)

Haus + Turm + Ruten	Beamte und leitende Funktionen an: Schulen Gerichten Behörden	Haus + Schlüssel	Sicherheitsdienst
		Haus + Fische	Seelsorger Buchhalter Papiere als Dokumente
Haus + Berg	Tätigkeit mit Steinen Bildhauer Architekt – Arbeit blockiert –	Haus + Anker	Verbundenheit zum Haus
		Haus + Anker oder Anker + Haus	Beruf im Haus, Hausfrau, Selbständigkeit im Haus
Haus + Berg mit Baum	Auslandstätigkeit	Haus + Kreuz	Pfarrer Märtyrer geistliche sowie unter kirchlicher Verwaltung stehende karitative Berufe, Wohltätigkeitsverbände
Haus + Lilie	Familienbetrieb Arbeit, die Frieden bringt Arbeit mit Eis (Kühlräume)		
Haus + Lilie + Turm	Frauenarzt		
Haus + Lilie + Reiter + Sonne + Wege + Fische + Herz	auf den Strich gehen	*Schlüssel Karte Nr. 33* Schlüssel	Schlüsselmacher
Haus + Sonne	positiver Beruf Organisation, Kreativität Energieberuf die Arbeit gibt Kraft	*Fische Karte Nr. 34* Fische + Reiter	Berufe, in denen man viel unterwegs ist, auf den eigenen Beinen
Haus + Mond	Beruf der Seele (kein Psychologe)	Fische + Ruten	Bankgeschäfte (Banker)
Haus + Mond + Fische + Turm	Parapsychologe		
Haus + Mond + Fische + Turm	Psychologe		

Legearten und Beispiele

Gesamtübersicht: Legeart 1

| 1 | 2 | 3 |

Mit der linken Hand 3 Päckchen abheben

Die gegenwärtige Situation und nahe Zukunft: Legeart 2

| Personen-karte | 1 | 2 | 3 | 4 | 5 |

| 6 | 7 | 8 | 9 | 10 |

| 11 | 12 | 13 | 14 | 15 |

Status quo – wo stehe ich jetzt: Legeart 3

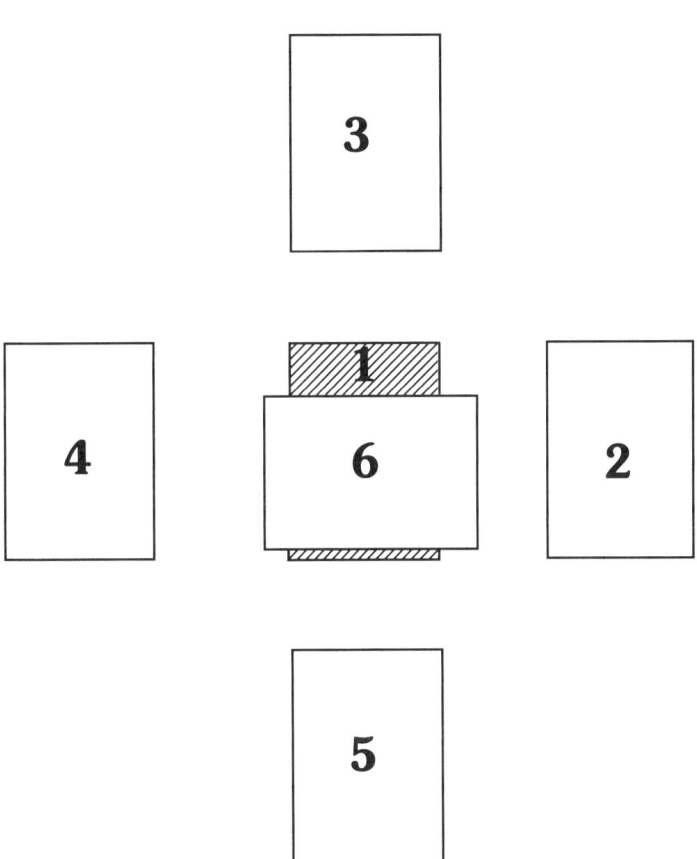

Die Karte Nr. 1 ist immer die Personenkarte

28 Herr oder 29 Dame

Großes Blatt: Legeart 4

Keltisches Kreuz – Was in Kürze geschieht: Legeart 5

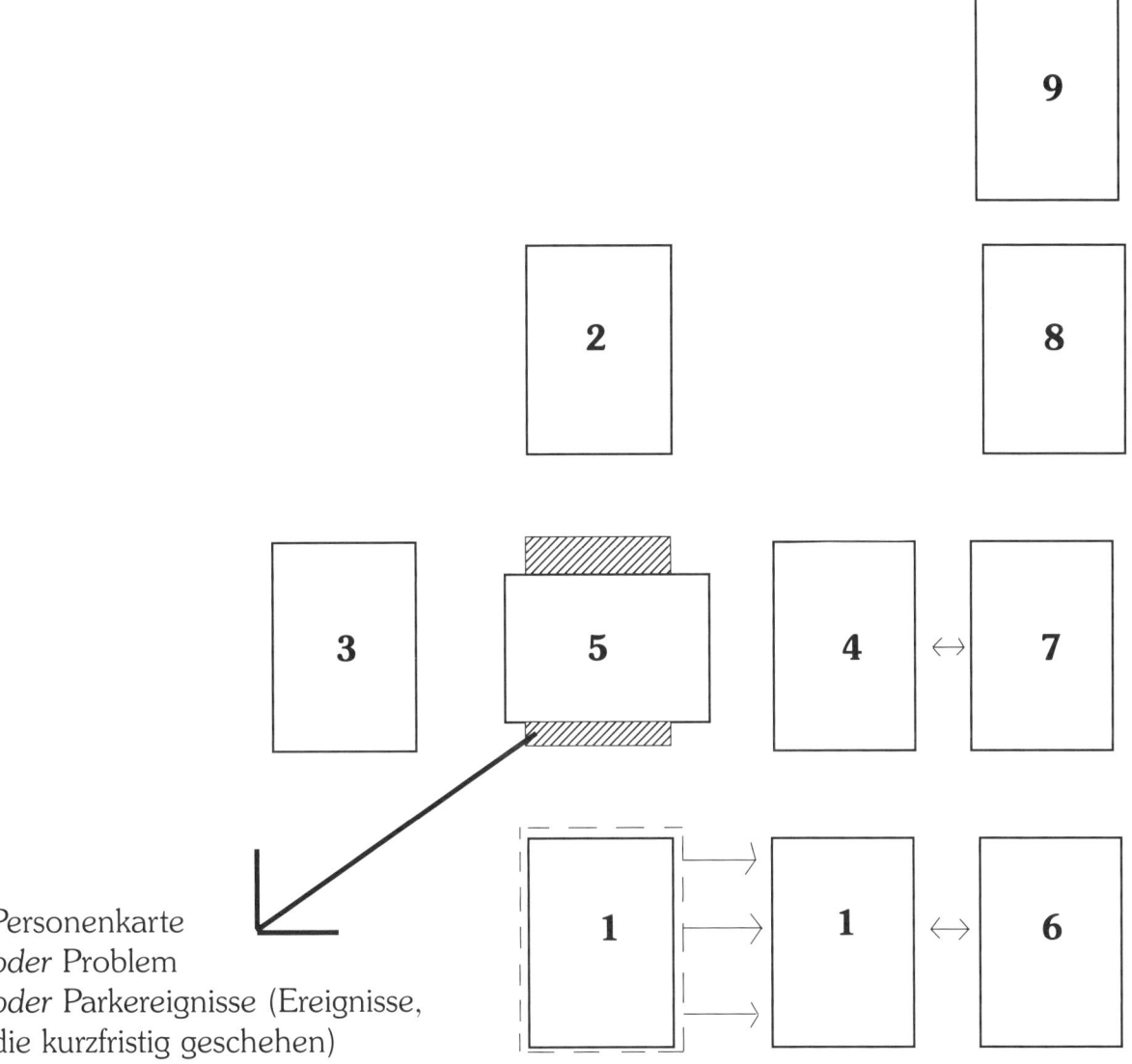

Personenkarte
oder Problem
oder Parkereignisse (Ereignisse, die kurzfristig geschehen)

Was kommt diese Woche auf mich zu? Legeart 6

	Park 20	
1	2	3
4	5	6
7	8	9
10	11	12
13	14	15

Legetechnik zu Gesamtübersicht

Wenn Ihr Ratsuchender Ihnen gegenüber Platz genommen hat, so lassen Sie ihn die Karten so lange mischen, bis er das Gefühl hat, genug gemischt zu haben.

Bitten Sie ihn mit der linken Hand zum Herzen hin dreimal abzuheben, so daß drei Päckchen vorhanden sind

Dies gilt aber nur für das erste Auslegen, sonst spielt das keine Rolle mehr.

Beispiel:

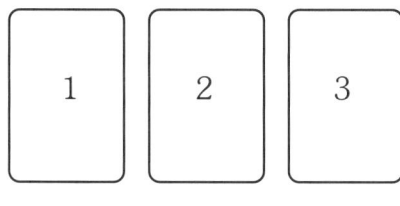

      Sonne   Mond   Sense

Sonne: sehr viel Kraft und Energie

Mond: Anerkennung, Erfolg

Sense: Hektik, Aufregungen, Streß

Da diese drei Karten rote Karten sind, ist alles positiv, was auf mein Gegenüber zukommt, auch wenn seine augenblickliche Situation noch so verworren aussieht.

Weitere Beispiele:

Reiter   Herz   Wolke

1. Päckchen Reiter
bedeutet: Man bekommt sehr viel Elan, ein Aufwärtsstreben und Vorankommen wird erfolgen.

2. Päckchen Herz
bedeutet: alle Dinge, die mit Liebe und Herzlichkeit zu tun haben.

3. Päckchen Wolke
bedeutet: in Unklarheiten stecken, keinen Durchblick haben, alles verschwommen sehen.

Auch diese drei Kartenbilder sagen aus: Da der Reiter und Herz rote Karten sind, sind überwiegend positive Ereignisse zu erwarten. Nur die Wolke ist etwas negativ zu sehen.

Nächste Übung und Lösung

Kreuz   Mäuse   Buch

1. Päckchen Kreuz
d.h., Kummer, Sorgen, seelische Belastungen

2. Päckchen Mäuse
d.h., negative Gedanken, man zieht sich immer wieder herunter. Es fehlt an Energie, um wieder herauszukommen.

3 Päckchen Buch
d.h., Geheimnis, Dinge werden sich ereignen, von denen man zur Zeit noch nichts weiß.

Diese drei Karten sagen aus, daß man die Dinge nicht so schwarz sehen soll.

Ein weiteres Beispiel

Schlange   Brief   Park

1. Päckchen Schlange
eine Frau, auch Dinge, die sich in die Länge ziehen.

2. Päckchen Brief
eine Nachricht, egal in welcher Form

3. Päckchen Park
Öffentlichkeit, Einladung

Da diese drei Karten schwarz sind, bedeutet es, daß man am tiefsten Punkt angelangt ist. Es kann nicht mehr schlimmer werden.

Danach werden alle 36 Karten wieder gemischt.

Diese 3 Päckchen Legung zeigt Ihnen die augenblickliche Grundtendenz des Fragenden auf.

Nun fahren Sie mit dem Legen wie folgt fort:

Die gegenwärtige Situation und nahe Zukunft: Legeart 2

Wenn Ihnen eine Frau gegenübersitzt, so nehmen Sie die Personenkarte 29 (Pikdame),

falls es ein Mann ist, die 28 (Herzkönig).

Da es sich um eine weibliche Ratsuchende handelt, nehmen wir die Karte 29 heraus.

Mit der Bitte, an nichts zu denken bzw. sich den Kopf freizumachen, ohne Gedanken zu sein, lassen Sie die restlichen 35 Karten von ihr mischen.

Fächern Sie die Karten auf dem Tisch mit der Bildseite nach unten aus.

Lassen Sie sich 3 x 5 Karten, also 15 Karten wahlweise herausziehen.

Sie nehmen diese 15 Karten und mischen diese nochmals so lange, wie Sie es für richtig halten.

Danach beginnen Sie von der Karte 29 (Pikdame) an, von links nach rechts zu legen.

Jeweils 5 Karten, so daß die 3 Reihen untereinander belegt sind.

Siehe Grafikmuster von Seite 134, Legeart 2 oder Musterbeispiel auf gegenüberliegender Seite.

Beginnen Sie mit der Kartendeutung von der Pikdame aus.

Die nächsten zwei Karten (16 Sterne + 23 Mäuse) die daneben liegen, sind in Zusammenhang zu bringen.

Dann die 3. bis 5. Karte, 6 Wolke + 4 Haus + 21 Berg.

In der 2. und 3. Reihe fahren Sie genauso fort.

Erklären Sie dem Fragenden, was Sie daraus ersehen. (Das gleiche Verfahren können Sie mit sich selbst machen, d.h., daß Sie das Gedeutete laut zu sich selbst sprechen).

Wenn Sie mit diesem Durchgang fertig sind und Ihr Gegenüber alles von Ihrer Aussage verstanden hat, dann lassen Sie sich von dem Fragenden eine Karte geben.

Legen Sie diese Karte verdeckt auf das Ereignis, welches Sie als wichtig erachten, um eine nähere Auskunft darüber zu erhalten.

Dies machen Sie mit allen noch ungenügend aussagefähigen Antworten.

Sagen Sie Ihrem Gegenüber, daß es nicht notwendig ist, sich zu merken, was darunter liegt.

Ist dieser zweite Durchgang erfolgt, dann lassen Sie bitte die restlichen Karten von dem Fragenden wahllos auf die verdeckten Karten verteilen. Dabei ist es gleichgültig, ob auf einer Karte fünf und auf einer anderen keine Karten gelegt werden. Auch die Reihenfolge des Darauflegens ist irrelevant.

Die gegenwärtige Situation und nahe Zukunft: Tabelle 2

Kartenbild

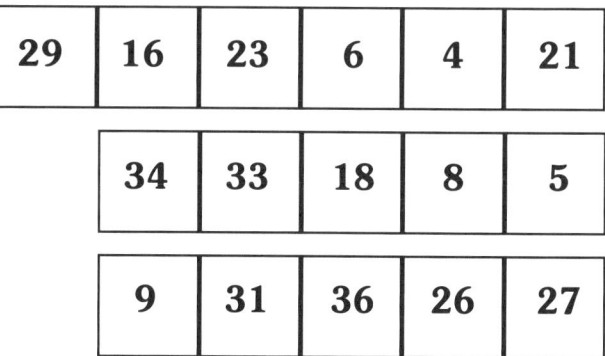

Es handelt sich hier um eine Frau mittleren Alters, geschieden. Sie hat sowohl privat als auch geschäftlich große Schwierigkeiten. Sie möchte wissen, was Sie in der Zukunft zu erwarten hat, denn sie fühlt sich ohnmächtig.

Da es speziell um ihre Person und persönlichen Belange geht, habe ich diese Legeart gewählt. Sie eignet sich hervorragend, um Personenbedürfnisse zu beantworten. Und nun sehen Sie selbst, und deuten Sie mit.

Deutung des Kartenbildes

1. Reihe
Dame – Sterne – Mäuse – Wolke – Haus – Berg

2. Reihe
Fische – Schlüssel – Hund – Sarg – Baum

3. Reihe
Blumen – Sonne – Kreuz – Buch – Brief

Aus diesem Kartenbild sehe ich folgendes für Sie und über Ihre Zukunft:

Sie selbst haben den klaren Durchblick, doch um Sie herum gibt es viel Unbehagen. Sehr viele Personen, mit denen Sie zu tun haben, versuchen Sie herunterzuziehen und zu beeinflussen. In Ihrer Beziehung gibt es einige Unklarheiten, jedoch löst sich dieser Knoten. Mit hundertprozentiger Sicherheit erhalten Sie Ihr seelisches Gleichgewicht durch einen Freund zurück. Obwohl die erhoffte Lebensbindungspartnerschaft zum derzeitigen Zeitpunkt noch ruht. Sie blühen direkt auf (leben auf), erhalten sehr viel Wärme und Geborgenheit. Seelischer Kummer und Belastungen, an denen Sie schwer – so schwer wie ein Kreuz – zu tragen haben, lösen sich durch eine Nachricht auf.

Sie erhalten eine Einladung und ein Geschenk von einer jüngeren Frau. Es wird für Sie eine Überraschung sein.

Nicht nur im privaten Bereich, sondern auch im finanziellen erhalten Sie sehr starkes Gleichgewicht und sehr viel Energie. Sie können sicher sein, Klarheit zu erlangen, Sorgen und Belastungen lösen sich. Diese waren schicksalhaft (karmisch) bedingt.

Machen Sie sich bitte keine unnötigen Gedanken, und hören Sie auf, Ihre kostbare gedankliche Energie auf einen Mann zu projizieren. Dieser männliche Freund ist nicht Ihr Herzensmann.

Das Geheimnis löst sich positiv. Unklarheiten und Ihre augenblickliche Ohnmächtigkeit werden durch eine Nachricht aufgehoben. Ihr Leben findet partnerschaftsmäßig in einem anderen Haus statt, was auch Eigentum bedeutet. Die ganzen Hindernisse und Blockaden, welche Ihr Leben jetzt noch betreffen, werden verschwinden.

Übung:
In diesem Beispiel handelt es sich jetzt um eine Dame, so um die Dreißig. Sie ist in ihrem alten Beruf nicht mehr zufrieden und spielt mit dem Gedanken, sich selbständig zu machen. Doch Sie befürchtet, daß ihr eventuell der Erfolg und die Anerkennung versagt bleiben, denn der Beruf ist im esoterischen Bereich angesiedelt.

Und nun eine gute Übung für Sie. Deuten Sie mit uns gemeinsam die Karten. Formulieren Sie aus den Antworten die Sätze zu einer Geschichte um, die Sie Ihrem Gegenüber erzählen.

1. Reihe
Dame – Hund – Herz – Mäuse – Fuchs – Park

Ein treuer Freund steht ihr mit Herzlichkeit zur Seite.

Nicht soviel grübeln über die Ängste in der Gesellschaft.

2. Reihe
Reiter – Sonne – Klee – Turm – Brief

Sehr viel Elan, ein Vorwärtskommen mit Kraft, Energie.

Glückliche Nachricht mit kurzfristigen Einschränkungen (als Beispiel: Post wird über das Wochenende nicht ausgetragen).

3. Reihe
Buch – Kind – Mond – Eulen – Ruten

Es ist noch ein Geheimnis, Sie erfahren Neuigkeiten.

Anerkennung; Unsicherheiten, welche Richtung man gehen soll, lösen sich durch Gespäche.

Ist es Ihnen gelungen, darüber eine Geschichte zu schreiben, so daß die Fragende Klarheit für sich und ihre weitere Zukunft erhält? Wir denken, es ist noch nicht aussagekräftig genug, und bitten die Dame, die Karten ihrer Wahl jetzt abzudecken. Die Fragestellerin entscheidet wie folgt:

Wahlweises Abdecken der bereits zugedeckten Karten:

Beispiel:
Auf der Dame liegt das Schiff und obenauf der Anker.

Es deutet sich: Dame + Schiff + Anker

| Dame | + | Schiff | + | Anker |

Abdeckung:
29 Pikdame, 3 Schiff, 35 Anker
24 Herz, 25 Ring, 17 Störche
23 Mäuse, 4 Haus, 36 Kreuz
20 Park, 6 Wolke, 5 Baum
1 Reiter, 7 Schlange, 30 Lilie
2 Klee, 8 Sarg, 34 Fische
27 Brief, 9 Blume. 33 Schlüssel, 16 Sterne
13 Kind, 10 Sense, 28 Herr, 22 Wege
12 Eulen, 15 Bär, 21 Berg

29 Pikdame, eine Reise, bringt Festigkeit und Stabilität.

Herz: in der Liebe bindungsmäßig eine gemeinsame Ortsveränderung.

Mäuse: Unsicherheiten die Wohnung betreffend verschwinden.

Park: In der Gesellschaft lösen sich Unklarheiten, und das Leben wird stabil.

Reiter: eine erfreuliche Nachricht, die sich in die Länge gezogen hatte, familiärer Art.

Klee: In Kürze hört die Ohnmächtigkeit auf (seelisches Gleichgewicht).

Brief: Eine Nachricht bringt Freude mit Gewißheit und Klarheit.

Kind: Neuigkeiten tauchen plötzlich mit dem Partner auf, die Wege kreuzen sich.

Eulen: Zweifel und Unsicherheiten werden durch einen Kompromiß behoben, und eine Blockade löst sich auf.

Dies sind die erweiterten Aussagen. Entscheiden Sie selbst, und erkennen Sie, ob diese Dame sich in absehbarer Zeit für einen beruflichen Neuanfang entscheidet oder ob sich durch die Herzensbindung und die Ortsveränderung neue Perspektiven ergeben.

Nun ist dieser Durchgang abgeschlossen. Danach arbeite ich meistens mit einem Legesystem, in dem ich die Gedanken sehe, mit denen der Fragende sich gerade beschäftigt. Auch die Vergangenheit wird sichtbar.

Status quo: Legeart 3

Bitte beachten Sie: Diese Aussagen bei Legeart 3 über Gedanken und Vergangenheit müssen zu hundert Prozent sicher und treffend sein, denn dieses sind Angelegenheiten, die nur der Fragende selbst kennt.

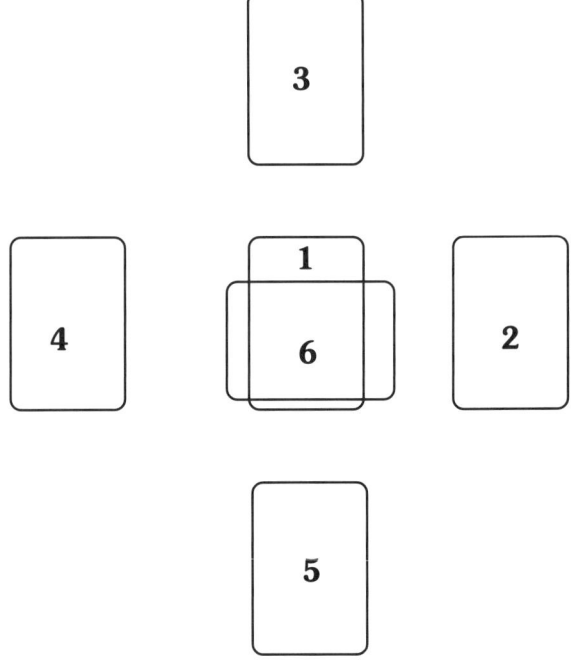

Ist der Fragesteller eine Frau, so nehmen Sie die Personenkarte 29 (Pikdame),

falls es ein Mann ist, die 28 (Herzkönig).

Nun nehmen wir die Karte 29, die Dame, heraus, da es sich um eine weibliche Ratsuchende handelt.

Wiederum mit der Bitte, an nichts zu denken beziehungsweise sich von allen störenden Gedanken freizumachen. Hilfreich ist in dieser Zeit eine belanglose Unterhaltung. Das sorgt für genügend Ablenkung.

Die restlichen 35 Karten werden von meinem Gegenüber gemischt, und ich nehme danach die Karten in die Hand und lege sie ohne zu mischen verdeckt wie folgt aus.

Die Personenkarte in unserem Beispiel, die 29 Pikdame, liegt in der Mitte, die nachfolgenden Karten legen Sie bitte wie folgt auf:

1. Karte auf die 29 Pikdame
2. Karte rechts neben die Pikdame
3. Karte über den Kopf der Pikdame
4. Karte links vor der Pikdame
5. Karte unter die Füße der Pikdame

Diese Reihenfolge wird so lange wiederholt, bis alle Karten aufgebraucht sind.
   6. Karte wieder auf die 1. Karte usw.

Das erste Päckchen mit der 29 Pikdame und die nunmehr darauf liegenden zugedeckten sieben Karten lege ich auf. Dieses Päckchen nenne ich
»was mich direkt betrifft«.

Das zweite Päckchen lege ich unter die erste Karte neben der 29 Pikdame und nenne diesen Durchgang
»was mir zur Seite steht«.

Das dritte Päckchen ergibt die dritte Reihe
»die Gedanken«,

das vierte und fünfte Päckchen, also die vierte und fünfte Reihe, nenne ich
»die Vergangenheit«.

Die vierte Reihe wird von links nach rechts gedeutet und sogleich fortlaufend mit der linken Karte der fünften Reihe wieder verbunden und weitergedeutet.

Eine Besonderheit: Die 1. Karte der vierten Reihe stellt die Eigenschaft des Menschen von Geburt aus dar. Zum Beispiel freundlich, ängstlich, herzensgut, kalt usw.

Die Vergangenheit muß ebenfalls eine hundertprozentige Aussage enthalten, denn nur mein Gegenüber kennt Sie wirklich. Sollte er das erste Mal für sich die Karten legen lassen, so liegt die Vergangenheit lange zurück. Die letzten beiden Karten sagen aber auch aus, daß Ereignisse noch im Raum stehen. Ich sage immer, sobald man anfängt, die Karten zu mischen, fängt auch die Zukunft an.

In meiner zwanzigjährigen Beratungszeit habe ich die Erfahrung gemacht, daß sich das vierte und fünfte Päckchen bei mir immer als die Vergangenheit des Fragenden zeigt.

Großes Blatt: Legeart 4

Nun werden alle 36 Karten von meinem Gegenüber gemischt und wieder zu einem Päckchen zusammengelegt mir gegeben. Ich lege sie in Viererreihen à 8 Karten aus und in der fünften Reihe 4 Karten in die Mitte.

Siehe Tabelle (Großes Blatt)
In diesem Durchgang müssen wir uns die Bedeutung jeder einzelnen Karte sowie die Beziehungen zueinander ansehen. Immer wieder erfreut es mich, in dem gesamten Kartenbild das ganze Leben und auch Teile der Vergangenheit zu sehen.

Zuerst beginne ich mit der ersten Karte links (der insgesamt 36 Karten), um ein vollständiges Bild zu erhalten.

Anschließend interpretiere ich die Karten nacheinander.

Anhand dieser Deutung bekomme ich ein klares und umfassendes Bild von der Lebenssituation meines Gegenübers.

Danach gehe ich kreuz und quer und sage alles Positive wie auch das Negative, das ich sehe. Sicher sind auch Sie jetzt bereits schon soweit, um zu verstehen, was ich meine. Auch Sie werden nach einer gewissen Übungszeit mit den Karten auf das Bild sehen, Ihre Augen kreuz und quer wandern lassen und ganz erstaunliche Geschichten erzählen. Wenn der Fragende Sie dann ganz erstaunt fragt, wo diese Aussagen denn zu finden seien, würden auch Sie vielleicht sagen: Ich schaue mal kreuz und quer übers Blatt.

Lassen Sie den Ratsuchenden alles fragen, was er auf dem Herzen hat, denn in diesem Bild, wie bereits schon erwähnt, sieht man die Zukunft sowie auch die Vergangenheit und auch alle Lebensbereiche und Situationen.

Aufgabe und Lösung

Im nachfolgenden Beispiel handelt es sich um eine Dame, so um die 40 Jahre alt. Sie ist gut gekleidet, wirkt aktiv und lebendig. Ihre Augen strahlen, trotzdem liegt über dieser grundsätzlich positiven Ausstrahlung eine Schwere. Mit keiner Silbe verrät sie etwas über sich selbst. Sie schaut mich nur erwartungsvoll an, als ob sie auf ein Wunder hoffe.

Ihr Kartenblatt liegt so.

18	29	31	27	4	28	10	19
17	36	2	3	8	9	11	21
23	24	33	5	26	7	6	13
16	25	34	22	15	32	12	1
		30	35	20	14		

Deutung des großen Blattes: ein Beispiel aus meiner Praxis

Nachdem ich die Aussagen im Kartenbild als Gesamteindruck kurz auf mich einwirken lasse, sage ich zu der Dame: »Ihr Leben wird sich sehr positiv verändern, viele der Sorgen und Zweifel, die Sie in der Vergangenheit geplagt haben, werden sich zum Guten wenden. Auch werden viele Ihrer Wünsche auf erstaunliche Art und Weise in Erfüllung gehen.«

Ein Lächeln huscht über ihr Gesicht, und sie wirkt sofort entspannter.

»Nun, Sie wissen es selbst, Sie haben einen treuen Freund (18), den Sie (29) schon direkt ansehen. Da dieser Mann neben Ihnen liegt, steht das Ereignis schon fast im Raum, maximal kann es sich noch um 8 Tage handeln. Durch diese Person haben Sie in der Vergangenheit sehr viel an Kraft und Stärke erhalten. Dieser Herr ist auch maßgeblich an der Veränderung in Ihrem Leben beteiligt.

Das Leben wird um vieles leichter, denn die Sonnenkarte (31) in Ihrem Rücken bedeutet für Sie, daß Sie sehr viel Kraft und Energie erhalten. Auch eine neue Geborgenheit, ein sicheres Wohlbefinden steht an. Dies ereignet sich durch einen Kontakt (27), welcher zur Klärung dient, die zu Ihnen ins Haus (4) kommt.

Beziehungsmäßig (28) liegt hier ein Partner, so ungefähr wie ein Ehemann, ist nicht der Freund, der Ihnen zur Seite steht. Trotzdem geraten Sie nicht in Hektik und Panik, weil Sie noch nicht so können, wie Sie wollen. Die Grenzen, Begrenzungen (19), müssen Sie leider in den nächsten Monaten, so bis zum Jahresende, noch in Kauf nehmen.

Danach tritt eine Veränderung (17) ein, die schicksalhaft (36) und glücklich sein wird. Innerhalb eines kurzen Zeitraums (2) beginnen die Dinge zu fließen (3). Sie beginnen wieder an die Erfüllung Ihrer Wünsche und Hoffnungen zu glauben. Ihre Aktivität steigert sich, und alles wird leichter. Ihre Ohnmächtigkeit (8) und das Gefühl, nichts verändern zu können, verschwinden im Frühjahr (9) ganz. Trotzdem haben Sie noch eine weitere Hürde, Blockade (21) zu überwinden. Das wird Ihnen durch Diskussionen und Gespräche (11) gelingen.

Um eines möchte ich Sie bitten, stellen Sie Ihr Grübeln und Ihre Sorgen (23) in Bezug auf Herzensangelegenheiten (24) ab. Sollte das nicht so ohne weiteres möglich sein, so stoppen Sie sich, lenken Sie sich ab, wenn Sie merken, daß Sie sich wieder in Sorgen, Ängsten oder Zweifeln verfangen. Denn ich sehe hier anhand des von Ihnen herausgelegten Kartenbildes, daß all die Sorgen nutzlos sind, denn Ihr Leben verändert sich so oder so. Es liegt bereits schon da.

Denn mit Sicherheit, mit Gewißheit (33), werden die Dinge, die Ihr Leben (5) betreffen, offiziell laufen können. Sie wissen, was ich meine, das Geheimnis (26), welches Sie in der Vergangenheit so sorgsam gehütet haben. Es ging über einen längeren Zeitraum und scheint ziemlich verwickelt (7) zu sein. Doch Sie können hundertprozentig (33) davon ausgehen, daß die Unklarheiten und verdeckt gehaltenen Vorgänge verschwinden und sich ein sauberer Neuanfang (13) ergibt.

Auch werden Sie Klarheit (16) erhalten, was Ihre Ehe (25) betrifft. Ihr seelisches Gleichgewicht (34) kehrt durch eine Alternative (22), die zu einem Kompromiß (15) führt, zurück. Sie erhalten die Anerkennung, die Aufmerksamkeit und den Erfolg (32). Gleichzeitig damit verbunden, lösen sich Unsicherheiten und Zweifel auf. Sie wissen klar und deutlich, ohne Wenn und Aber (Schwankungen 12,) in welche Richtung es nun gehen muß.

Ihr Elan (1) und Ihre aufbauenden Aktivitäten sichern Ihnen ein rasches Vorankommen. Familiär stellen sich Frieden (30) und Stabilität (35) ein. Die Rolle in der Öffentlichkeit (20), die bis zu diesem Zeitpunkt gespielt werden mußte, wandelt sich auch. Alle Schwierigkeiten, Geheimhaltungen und Falschheiten (14 nicht mit offenen Karten spielen zu können) lösen sich beziehungsweise sind zu Ende.«

Die Dame sieht mich an und bestätigt mir, daß sie alles verstanden hat. Doch glauben will sie es noch nicht so recht. Denn im Moment könne sie sich noch nicht vorstellen, wie ihre Lebensgeschichte eine solch positive Wende erreichen könnte. Sie hätte gerne noch mehr Details, sagt sie. Also arbeite ich besonders wichtige Merkmale nochmals aus und sehe, ob ich noch nähere Informationen erhalte. Als erstes fasse ich zusammen:

Von links 18 nach unten gelesen 17, 23, 16
»Durch einen Freund, den ich eingangs erwähnte, wird sich eine positive Veränderung ergeben. Alles, was noch unsicher und mit Zweifeln belastet war verschwindet, löst sich auf. Alles wird klar und sauber sichtbar.

Von oben nach unten gelesen PK 29, 36, 24, 25
Für Sie (29) selbst gehen die schicksalsbedingten Ereignisse (36), die Ihre Herzensangelegenheiten (24) in der Ehe betroffen haben, zu Ende.

31, 03, 33, 34, 30
Mit viel Kraft und Energie (31) ergibt sich eine glückliche Wende (2), und Ihre seelische Verbundenheit (34) wird beziehungsmäßig (30) gestärkt.

27, 3, 5, 22, 35
Durch eine Nachricht (27), die Sie erhalten, die auch von weiter weg ist (3), kommen die Dinge ins Fließen, der Weg (22) kristallisiert sich heraus, und die Umstände (35) stabilisieren sich.«

Etwas in mir läßt mich sofort Einhalt gebieten, und ich spüre den Wunsch, genau zu hinterfragen, was es damit auf sich habe. Als ich mein Gegenüber bewußt ansehe, merke ich, wie nervös auf einmal die Dame ist, obwohl ich mit meinen Aussagen noch nicht fertig bin.

Nun schaue ich mir die umliegenden Karten an, alle Karten, die um das Schiff 3 herumliegen.

27, 4, 28,
3, 8, 9,
5, 26, 7,

Ich sage: »Die Nachricht (27), die ins Haus (4) kommt, betrifft den Ehemann (28). Und diese Nachricht bringt die Dinge in Bewegung (3), denn diese Nachricht betrifft das Leben (5) selbst, in diesem Fall den Lebensbaum des Mannes. Die ganze Zeit über war es noch ein Geheimnis (26) und auch mit vielen Irrungen belegt. Die Hilflosigkeit (8) ist zu Ende, und Sie verspüren eine große Erleichterung. Wenn ich mir die Karte (28) Ehemann ansehe«, – ich gehe mit den Augen von rechts nach links unten – »so sehe ich folgendes. Ihr Ehemann muß krank (8) sein, eine Krankheit (5), die seelischer Art (34) ist. Der Zustand wird sich durch plötzliche Aufregungen (10) verschlechtern, so daß er in eine Anstalt (19) muß.«

Nun nehme ich meinen vorherigen Gesprächsfaden wieder auf. Ich fahre fort wie folgt.

4, 8, 26, 15, 20
»Ja, hier sehe ich es wieder, in Ihrem Haus (4) liegt die Krankheit (8). Sie fühlten sich dadurch hilflos und wußten nicht, wie sie diese bewältigen sollten, da sie nicht als offensichtliche (26) Krankheit zu erkennen war. Offiziell wird es durch einen Beschluß (15), durch eine höhergestellte Amtsperson und die Öffentlichkeit (20).

28, 9, 7, 32, 14
In Bezug auf Ihren Ehemann (28) kommt auf Sie eine erfreuliche Erleichterung (9) zu. Was sich bis zu diesem Zeitpunkt so entsetzlich in die Länge gezogen hat, wird sich klären. Die seelischen Belastungen (32) und Ängste (14) sind vorüber.

10, 11, 6, 12
Durch plötzlich (10) anstehende Gespräche (11) lösen sich alle Unklarheiten (6) und Zweifel. Schwankungen (12) sind vorbei. Sie erkennen, wie das Leben mit Ihrem Ehemann weitergeht.

19, 21, 13, 1
Alles läuft darauf hinaus, daß eine Trennung (19) erfolgt. Dabei lösen sich alle Hindernisse und Blockaden (21) für Sie. Für Sie gibt es einen Neuanfang (13) mit viel Aktivitäten. Ihr Leben bekommt wieder einen Sinn. Ihr Ehemann allerdings wird in eine Anstalt eingewiesen, in der er sehr lange bleibt.«

Ich sehe mir die unteren linken Eckenkarten an.

16, 23, 25, 30
»Was mir besonders auffällt, ist die Klarheit, die Sie haben werden. Alles Negative in Bezug auf Ihre Ehe und Familie fällt einfach von Ihnen ab.

17, 24, 34, 35
In Ihrem Leben wird ein Umzug (Störche) stattfinden, mit oder wegen der Liebe (24). Sie erlangen Ihr seelisches Gleichgewicht (34) und die Stabilität (35) in der festen Bindung zu Ihrem Freund.

18, 36, 33, 22, 20
Ihr Freund (18) ist vom Schicksal (36) für Sie bestimmt. Mit Sicherheit (33) ist er Ihnen von oben geschickt worden (mit oben meine ich von Gott oder wie Sie es auch immer nennen mögen). Die Wege (22) zeigten, daß Sie gleichzeitig eine Zeitlang in beiden Richtungen verweilen konnten, trotz Ehemannes. Sie erkennen, daß Ihr Freund für ein gemeinsames Leben auch in der Öffentlichkeit bestimmt ist.

29 PK, 2, 5, 15, 14
Hier wird es nochmals deutlich sichtbar. Sie selbst (29) finden in Kürze (2) in Bezug auf Ihr Leben (5) Stabilität (15), und alle Ängste (14) sind wie verflogen.

31, 3, 26, 32
Mit sehr viel Kraft und Energie (31) kommen die Dinge in Bewegung. Ihr Lebensschifflein(3), das ein Geheimnis (26) umgab, kommt wieder ins Lot. Ihr seelisches Gleichgewicht (32) ist wiederhergestellt.

27, 8, 7, 12
Durch eine Nachricht (27) hört Ihre Hilflosigkeit auf, die mit der Krankheit (8) Ihres Mannes zu tun hatte. Sie haben alles versucht, jedoch keinen Ausweg mehr gesehen (7). Ihre Zweifel (12) sind jetzt behoben.

28, 11, 13
Um den Ehemann (28) gab es sehr viele Streitigkeiten (11) und viele Aufregungen. Durch die Krankheit verlief das Leben so, daß man ihn nur wie ein kleines Kind (13) ansehen konnte, also auch so mit ihm umgehen mußten, denn im Grunde genommen ist er nur hilflos.

10, 21
Plötzlich (10) lösen sich alle Blockaden (21). Für Sie wird dieses Problem durch den Ausbruch der Krankheit abgeschlossen sein.«

Nach diesen ganzen Aussagen gehe ich mit meinen Augen »kreuz und quer« übers Kartenblatt, und meistens werden meine Grundaussagen bestätigt. Ich fasse den Kern der Aussage nochmals zusammen: »Nachdem Ihr Mann das Haus verlassen hat, wird für Sie ein neues Leben beginnen, Sie werden umziehen, haben eine feste Partnerschaft und erhalten die Anerkennung aus der Öffentlichkeit. Die Zeit des Zurücknehmens ist vorbei.«

Keltisches Kreuz: Legeart 5 – Was in Kürze geschieht

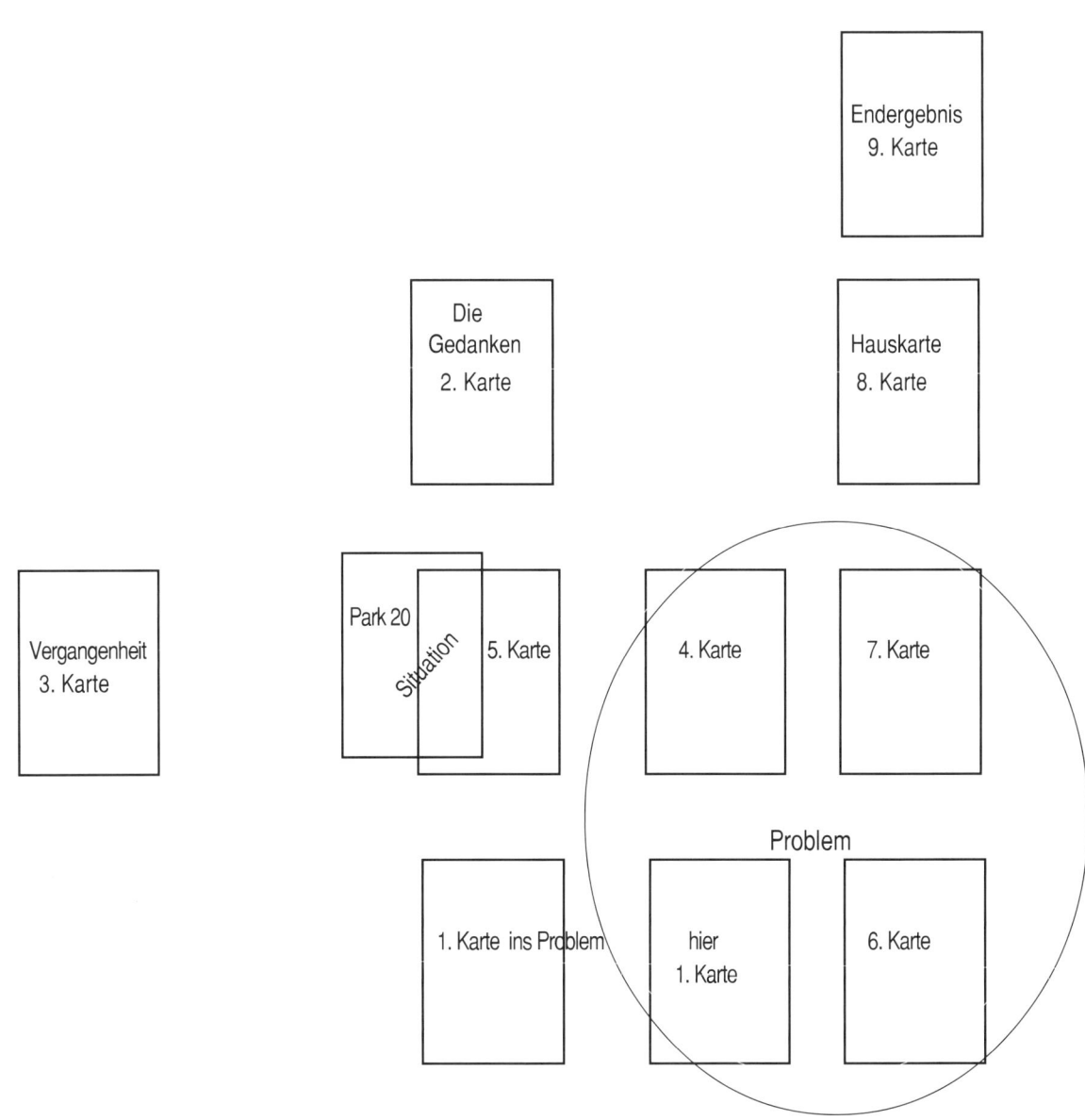

Was in Kürze geschieht: Legeart 5

Diese Befragung der Karten nehme ich immer dann vor, wenn mein Gegenüber wissen möchte, ob eine bestimmte Sache oder ein Wunsch sich erfüllt.

Eine Bitte habe ich dann an mein Gegenüber. Er soll während der Dauer des Kartenlegens intensiv an die Sache oder seinen Wunsch denken.

Ich lege immer die das Ereignis betreffende Karte heraus und lasse aus den restlichen, vor meinem Gegenüber ausgefächerten Karten mit den Worten, sich intensiv in Gedanken damit zu beschäftigen, weitere Karten herausziehen.

Für Angelegenheiten, die in Kürze geschehen sollen, nehme ich die Karte Nr. 20, den Park, als Situationskarte und lasse sie mit einer weiteren abdecken.

Die Karte auf Platz 2 ist dem Kopfbereich zugeordnet. Sie zeigt durch das Kartenbild an, mit welchem Thema die Person sich gerade beschäftigt. Zum Beispiel kann das so aussehen: Liegt das Schiff, so macht sie sich Gedanken um Reisen und Träume, oder die Eulen, so sind es innerliche Schwankungen, sie ist in einigen Bereichen nicht stabil und verändert derzeit leicht die Meinung. Vielleicht die Mäuse, so sehen Sie hier die Ängste und Befürchtungen, das positive Gedankengut wird von den Mäusen wieder abgeknabbert (wie ein Stück Käse). Auch wenn das Kreuz auf Platz 2 liegt, so ist die ganze Angelegenheit sehr belastet, und sie hat ihr Kreuz damit.

Damit soll ausgedrückt werden, daß alle Erwartungen bezüglich eines glücklichen Ausgangs auch mit in der Gedankenwelt des Fragenden zu suchen sind. Hier wird sichtbar, ob er an die Erfüllung seines Wunsches glaubt bzw. ihn für realisierbar hält.

Die Vergangenheit auf Platz 3 zeigt an, ob positve oder negative Weichen für die Zukunft gestellt worden sind oder ob der Wunsch nur ein Wunschtraum ist.

Da die Karten 1, 6, 4 und 7 zusammengefaßt am Stück zu lesen und zu deuten sind, zeigen sie das tatsächliche Problem an, das es noch zu lösen gilt.

Auf Platz 8 liegt dann die Hauskarte, die den Aufschluß, entweder zum Gelingen oder zum Mißerfolg, anzeigt.

Die oberste Karte Platz 9 präsentiert dann das Endergebnis.

Diese Legung kann nach diesem Durchgang nochmals abgedeckt werden, dann gedeutet, wieder abgedeckt usw.

Karmisches Gesetz in den Karten

Nachdem Sie nun einige Legungen und Übungen nachvollzogen haben und sich sicher bereits selbst die Karten gelegt haben, möchte ich Sie mit etwas ganz Besonderem bekannt machen. Im Grunde genommen ist es wie ein Phänomen, auf dem ersten und auch zweiten Blick in die Karten immer noch nicht sichtbar, obwohl es offen daliegt.

Wir – Sie und ich – kennen solche Situationen. Es gibt eine Angelegenheit, eine Herzenssache oder etwas Geschäftliches, und wir haben alles dafür getan. Doch nun will man es genau wissen, ob es denn auch wirklich klappt. Dazu werden die Karten befragt. Und, ach, wie schön, das Endergebnis zeigt den Erfolg an, und auch die Hauskarte deutet bereits auf die Erfüllung des Wunsches hin. Und was passiert, kurz davor, so eine Minute, Stunde oder ein Tag, stehen wir plötzlich vor dem Aus, dem Nichts. Wir verstehen die Welt nicht mehr, denn alles war doch zugesagt, und auch die Karten zeigten den Erfolg.

Es sind diese Situationen, in denen der Mensch vor einem »fast geklappt«, (Operation gut verlaufen, Patient tot) steht. Aus irgendwelchen Gründen ist es nun mal mißlungen.

Dies alles ist schwer zu verstehen, die Fragen warum, wieso, weshalb, warum gerade ich, sind dann an der Tagesordnung. Unser Ego hat eine empfindliche Niederlage einstecken müssen, und wir behalten uns das Recht vor, nächstes Mal mehr aufzupassen.

Gleichgültig, wie Sie achtgeben und Sicherheitsvorkehrungen treffen, es wird wieder geschehen, denn hier sind die *karmischen Gesetzmäßigkeiten* am Wirken. Manche Menschen nennen es in der Umgangssprache auch Schicksalsschlag. In der Tat bedeutet es auch dieses eine Prozent des Schicksals in unserem Leben, welches wir nicht lenken können, weil wir sonst unsere uns gestellten Aufgaben nicht erfüllen und unser frei gewähltes Lernziel nicht erreichen würden.

Jedoch ist es heute möglich, dieses karmische Gesetz im Kartenbild zu sehen und zu berücksichtigen. Keltisches Kreuz, Legeart 5.

Beispiel in einer Legung:

```
              ┌─────────┐
              │ Platz 2 │
              │ Mäuse   │
              └─────────┘

                      ┌─────────┐
┌─────────┐ ┌──────┐  │ Platz 5 │
│ Platz 3 │ │ Park │  │ Kreuz   │
│ Fuchs   │ │  20  │  │         │
└─────────┘ └──────┘  └─────────┘
```

Platz 5 ist mit Karte 20, der Park, belegt. Sollte darauf das Kreuz, die Karmakarte zu liegen kommen, so unterliegt diese Angelegenheit den karmischen Gesetzmäßigkeiten.

Als nächstes gilt es, die Gedankenkarte Platz 2 zu beachten. In diesem Fall liegen die Mäuse. Sie sehen, wie durch die Mäuse das positiv erwartete Ereignis sich durch Ängste und Befürchtungen wieder negiert.

Auf Platz 3 liegt der Fuchs, mit der Grundaussage Falschheit. Dies bedeutet in Bezug auf den Wunsch oder das Endergebnis falsche Vorgehensweise real oder siehe Mäuse in Gedanken.

Dies läßt eindeutig darauf schließen, daß nicht kompatible Komponenten miteinander verknüpft werden sollen.

Sehen wir den Platz der Gedanken und der Vergangenheit an, so müßte nun eigentlich schon die Aussage getroffen werden, daß das Ereignis sich nicht realisieren läßt. (Die Dinge sind aufgefressen durch Fuchs und Mäuse.)

Es könnte sich auch um andere »negative« Karten handeln, die immer auf diesen Plätzen in Anwendung kommen, wenn sich das Kreuz als Karmakarte in die Situation legt.

Dabei ist es gleichgültig, ob Platz 8 und 9 mit guten Endergebnissen belegt sind.

Jedoch, damit dieses karmische Gesetz auch wirklich zum Tragen kommt, bedarf es immer der Karte 20, des Parks, der Öffentlichkeit. Denn es kann nicht durch Sie persönlich ausgelöst werden, sondern es müssen immer andere Personen aus der Öffentlichkeit die Boten, die Träger, die Auslöser sein.

Bei einigen Menschen kommt es vor, daß sie sich eine gewisse Zeitlang, manchmal über Jahre in diesem »fast geklappt«-Phänomen befinden. Rückblickend, nach Jahren, sind Sie dann auch in der Lage, dies zu erkennen und auch den Zeitpunkt, wann es damit begonnen hat und was oder wer der Auslöser war. Über einige der Ereignisse werden Sie sich freuen, weil sie nicht eingetroffen sind, und über andere werden Sie denken, daß es schade um die vertane Chance sei.

Die beste Möglichkeit wäre, nicht so lange zu warten, sondern nach ein, zwei oder drei Malen »fast geklappt« nachzuforschen, auch sich selbst zu überprüfen. Denn manches Mal ist es doch so, daß Menschen Ego-Wünsche zu erfüllen als oberstes Ziel betrachten, wobei vergessen wird, die Seele nach ihren Wünschen zu fragen und diese zu berücksichtigen.

Vielleicht will die Seele nicht dieses irrsinn große Haus und auch keinen Mercedes vor der Tür, wenn sie dadurch in die Ecke gestellt wird, weil der Mensch dann so viel arbeiten muß, um sich das alles leisten zu können. Sie ist dann abgemeldet, die Person hat keine Zeit für die Seele. Wie soll sie denn auf sich aufmerksam machen? Jedoch kennt die Seele Mittel und Wege, um sich bemerkbar zu machen, die keinem Menschen gefallen, wie Krankheit, Unfall, Schicksalsschlag oder Verweigerung von Wunscherfüllungen. Auch können uns Boten, in Form von Menschen (Öffentlichkeit), gesandt werden. Zum einen, daß sie Hilfe und Weiterentwicklung anbieten.

Sind Menschen nicht bereit, darauf zu hören und andere Wege zu gehen – sorry, manchmal ist es schwer zu erkennen –, so werden die schlechten Boten wiederum (Öffentlichkeit) geschickt, um den Menschen auf seinen von ihm ausgewählten Weg zurückzubringen.

Wie Sie wissen, bedarf es beim Karma immer einer Ursache und deren Wirkung. Stellen Sie sich dies einmal sehr einfach vor: Die Ursache ist ihre vor Eintritt in unsere Welt gestellte Aufgabe. Doch die wurde vergessen, zumindest der Verstand hat es vergessen oder kann sich nicht erinnern. Die Seele kennt die Aufgabe (Ursache). Doch da der Verstand es nicht mehr weiß, veranlaßt er den Menschen, ständig neue Ursachen zu setzen. Dadurch ergeben sich ununterbrochen neue Wirkungen, und der Mensch fängt an zu kämpfen und zu rudern und gerät dadurch in den Zeitstrudel des Karmas, bis es der Seele zuviel wird. Die Seele schaltet sich dann mit den ihr gegebenen Mitteln ein, und eins davon heißt »fast geklappt«.

Anmerkung

Alle Legearten geben im Prinzip die gleichen Antworten. Sie können jetzt jede der einzelnen dieser Legearten bzw. Karten-Kombinationen ohne weiteres deuten, vorausgesetzt, daß sie die Karten exakt und konzentriert legen. Alles Grübeln über eventuell mögliche Auslegungen ist in jedem Falle nutzlos, wenn man selbst versucht, eigene Wunschvorstellungen mit hineinzubringen, d.h., wenn die Karten keine wirklich wesentlichen Deutungen erkennen lassen.

Einmal in 20 Jahren ist es auch bei mir vorgekommen, daß ich böse Worte zu hören bekam, weil ich bei einer Ratsuchenden nicht das gesehen und gesagt habe, was sie hören wollte, obwohl sie immer darauf pochte.

Manchmal kommt es vor, daß ich sehr schlechte, negative Dinge sehe und mein Gegenüber enttäuscht weggeht. Doch am nächsten Tag oder später erhalte ich einen Anruf und ein Dankeschön, weil ich durch meine Vorhersage großes Unheil abgehalten habe.

Bitte bedenken Sie, lieber Leser, daß es Ihnen nicht immer gelingen wird, alle Menschen, denen Sie später die Karten legen, auch wirklich zufriedenzustellen. Denn wenn Sie Kartenlegen und die Ereignisse sehen, laufen auch Sie Gefahr, Dinge zu erfahren, die Sie nicht wissen wollen und mit denen Sie nicht rechnen.

Basis- und Existenzfragen

Umzug

Aufgabe und Lösung

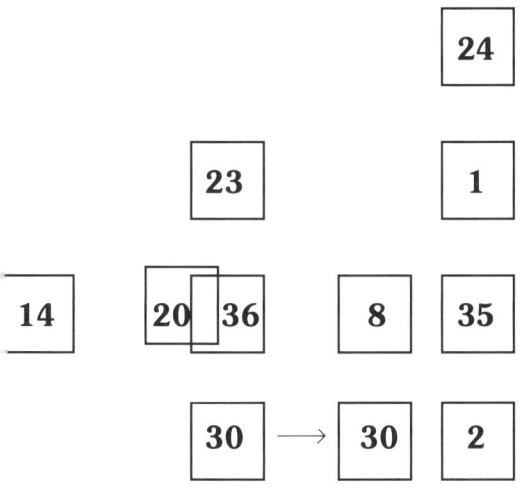

Der Umzug wäre fast gewesen!
Die Karten lagen so.

Sehen wir uns die Problemkarten an.
Lilie – Klee – Sarg – Anker

Die Lilie und der Klee zeigen Familie, Sexualität und das Glück an, welches nicht ist. Der Sarg symbolisiert den Stillstand, d.h., sexuell spielt sich nichts ab. Beziehungsmäßig verharrt das Paar in einer ohnmächtigen Situation; wie tot. Die Situation scheint festgefahren, siehe den Anker. Das ist also das Problem.

Die Mäuse auf Platz 2 legen die Gedanken offen, daß hier zuviel nachgedacht, gegrübelt wird, sich selbst Vorwürfe gemacht werden. Man bedrängt sich selbst und kommt zu keinem vernünftigen Ergebnis.

Der Fuchs auf dem Platz der Vergangenheit deutet auf falsches Verhalten. Da diese Karte in der Vergangenheit liegt, spiegelt sie auch die Angst wider, nochmals eine falsche Entscheidung zu treffen.

Als Situationskarte liegt das Kreuz, demzufolge ist eindeutig zu erkennen, daß dieser geplante Umzug ins Stocken geraten mußte, siehe Kapitel Karmisches Gesetz.

Tendenziell gesehen, zeigt der Reiter als Hauskarte auf Platz 8 eine positive Wirkung an, mit sehr viel Elan, Bewegung und Einsatzfreude. Nachrichten werden dies auslösen. Die Hauskarte bezeichnet immer die Situationen, die gerade im Moment geschehen. Der Reiter sagt auch: Lasse es los, und lasse alles seinen Gang gehen.

Im Endergebnis liegt das Herz, die Liebe, dies bedeutet, daß trotz nicht erfolgten Umzugs die Liebe der beiden eine Chance hat und sich doch noch mit Verzögerung alles wenden kann.

Dies müßte dann bei gegebener Zeit neu befragt werden.

Basis- und Existenzfragen

Mittelpunkt: Sexuelles Problem

Aufgabe und Lösung

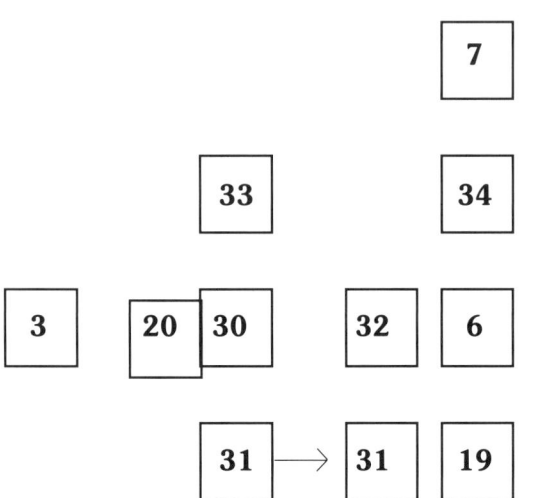

Eine andere Frau hat sich in eine bestehende Ehe gedrängt. Daraufhin erhält die Ratsuchende ein akutes sexuelles Problem und fürchtet auch um den Fortbestand der Ehe.

Sehen wir uns die Problemkarten an.
Sonne – Turm – Mond – Wolke

Trotz allem was das Ehepaar schon durchgemacht hat, besteht noch eine starke seelische Verbundenheit. Doch reale Anerkennung, Wärme und Geborgenheit fehlen in dieser Partnerschaft. Statt dessen sind die Personen in Zwiespalt und Unklarheiten verstrickt.

Auf Platz 2, dem Platz der gedanklichen Beschäftigung, ist diese neue Frau allgegenwärtig und beherrscht die Situation.

Das Schiff auf dem Platz der Vergangenheit sagt aus, daß die Ereignisse durch Wünsche, Träume und Sehnsüchte in die Gegenwart geraten sind. Auch ist hier mit weiteren Aktivitäten zu rechnen, dessen Ausgang noch ungewiß ist. (Es ist noch kein Land in Sicht.)

Als Situationskarte ist die Lilie zu sehen. Diese stellt den sexuellen Aspekt als Problem in dieser verworrenen Bindung dar.

Die Hauskarte ist mit den Fischen belegt, was einerseits wiederum auf die seelische Verbundenheit des Paares hinweist, gleichzeitig auch auf die materielle Sicherheit und den Stand in der Öffentlichkeit.

Die Schlange auf dem Platz als Endergebnis deutet nicht darauf hin, daß sich in Kürze etwas klärt, weder in die eine noch in die andere Richtung. Denn die Schlange steht auch für Intelligenz und Raffinesse, aber auch für weitere Verstrickung.

Das Resümee dieser Geschichte ist, daß eine Wende derzeit nicht in Sicht ist, da die andere Frau noch akut ist. Es bleibt vorerst beim jetzigen Zustand.

Basis- und Existenzfragen

Selbständigkeit

Aufgabe und Lösung

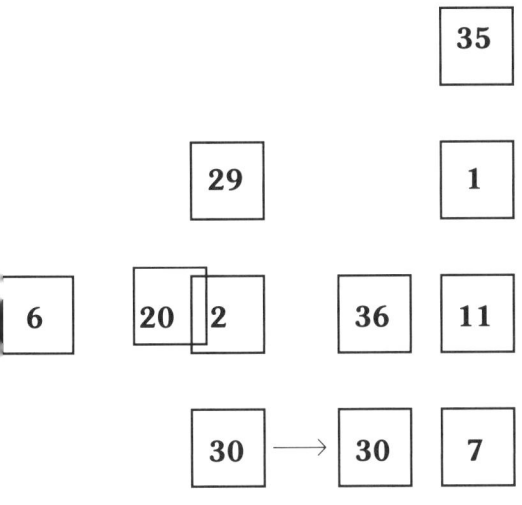

Hier in diesem Beispiel handelt es sich um eine Person, die selbständig ist. Doch in ihrem Geschäft geht es nicht so richtig voran. Sie fragt sich, ob sie im richtigen Bereich tätig ist, ob das Ganze noch einen Sinn macht, ob sie aufgeben soll oder wie sie das alles doch noch zum Erfolg wenden kann.

Sehen wir uns die Problemkarten an.
Lilie – Schlange – Kreuz – Ruten

Da das Kreuz genau im Problem liegt, sprechen wir hier von einer festgefahrenen Situation. Wobei zu erkennen ist, daß der Fragende durchaus im richtigen Bereich tätig ist. Doch um diese Selbständigkeit zum Erfolg zu führen, bedarf es noch einiger Veränderungen, die, wie Sie sehen, bereits mit den Ruten und der Schlange in Angriff genommen worden sind. Eindeutig läßt sich hier erkennen, dem Unternehmen fehlt die Harmonie; zuviel Unruhe, zu viele Stops.

Platz 3, die Vergangenheit, ist mit der Wolke belegt, woraus sich erkennen läßt, daß entweder kein vernünftiges Firmenkonzept vorlag oder man mal eben immer so durchkam.

Auf Platz 2, die Gedanken, hier finden wir die Person selbst/könnte auch der Herr sein. Dies bedeutet, der Fragende sucht nach Auswegen, nach Lösungen, einmal durch den Verstand, Intelligenz und durch Gespräche.

Denn als Hauskarte liegt der Reiter, was auf Selbstbewußtsein und aktives Handeln deutet.

Als Endergebnis finden wir den Anker vor, womit in diesem Falle eine stabile Selbständigkeit gegeben ist. Alle Bemühungen, Gespräche und Aktivitäten ergaben einen Ausweg aus einer festgefahrenen, fast toten Firma. Veränderungen werden gelingen, und die Firma wird stabil und sicher den neuen Weg gehen.

Basis- und Existenzfragen

Karriere

Aufgabe und Lösung

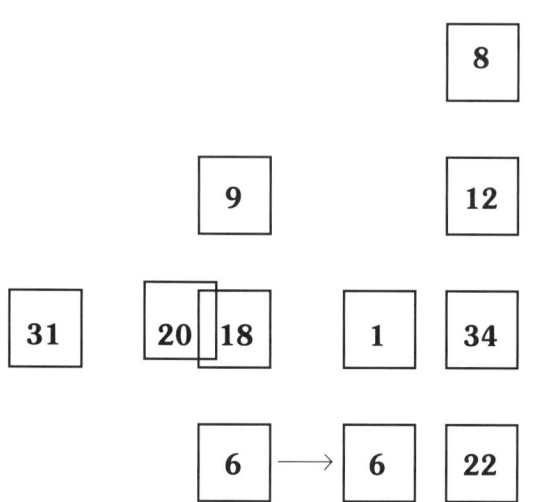

Die Person macht sich Sorgen um ihre berufliche Zukunft. Es geht nicht so recht weiter.

Sehen wir uns die Problemkarten an.
Wolke – Wege – Reiter – Fische

Als erstes gravierendes Problem sehen wir die Wolke an. Die Situation ist nebulös, verschwommen und teilweise blockiert, und so ist es nicht verwunderlich, daß die Person mehrere Wege zur Auswahl hat, sich aber nicht so recht entscheiden kann, denn als weiteres Problem sind die Fische anzusehen, als Geldkarte. Infolgedessen sind Entscheidungen auch vom Geld abhängig. Unter anderem liegt der Reiter, eine an und für sich gute Karte, in diesem Pakt. Dies bedeutet, der Fragende muß ausgesprochen kreativ und aktiv sein, sehr viele Ideen haben und sich auch voll in eine Sache einbringen können.

In der Vergangenheit liegt die Sonne, sie sagt uns, daß dieser Mensch sehr viel Energie und hat einen hohen Einsatz gebracht hat.

Da auf Platz 2, Gedanken, die Blumen liegen, ist es ihm äußerst wichtig, nicht nur Geld und Statussymbole für seine Arbeit zu erhalten, sondern auch Freude und innere Befriedigung.

Da die Situationskarte der Hund ist, so bedeutet es, einer Arbeit treu zu sein, sie lebenslang zu tun und sich mit ihr zu identifizieren.

Als Hauskarte sind hier in dieser Karrieregeschichte allerdings die Vögel, welche besagen, daß derzeit viel Aufregung, Hektik, Umstrukturierung und Neuorientierung vorhanden ist.

Wenn wir uns das Endergebnis, den Sarg, ansehen, so ist zu erkennen, daß ein weiterer Karriereaufstieg derzeit gestoppt ist bzw. eine Ruhephase (Nullrunde) eingeläutet ist.

Hier stellt sich aus dem Gesamtbild die Frage, ob der Fragesteller mit seinen Fähigkeiten seinen Einsatz nicht lieber für sich selbst nutzen sollte.

Basis- und Existenzfragen

Arbeitssituation

Aufgabe und Lösung

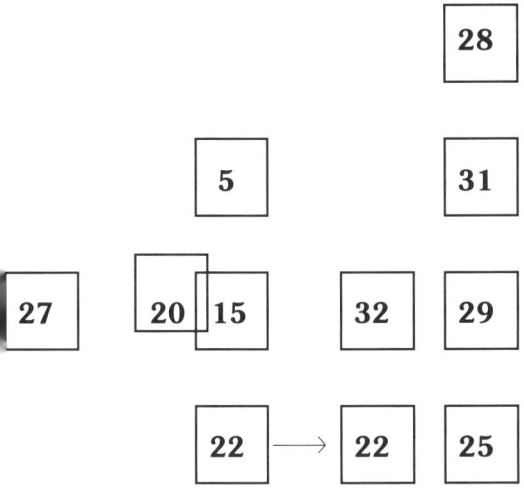

Hier wird generell die Frage gestellt, was wird aus meiner Arbeitsstelle? Was könnte ich arbeitsmäßig tun, das mich ernährt und zufriedenstellt?

Sehen wir uns die Problemkarten an.
Wege – Ring – Mond – Dame

Die Wege zeigen an, daß der Mensch sich mit Entscheidungen plagt, obwohl seine Arbeitsstelle für ihn eine Sicherheit für die Zukunft darstellt; durch den Ring. Der Mond sagt, es ist auch eine gute Position, und die Tätigkeit ist gut honoriert.

Befürchtungen, die Arbeitsstelle zu verlieren, sind hier fehl am Platz, denn wie lange die Person auf dieser Stelle bleibt, ist ihre freie Entscheidung. Wobei auch zu erkennen ist, daß es sich hier um eine mehr oder minder geistig anspruchslose Tätigkeit handelt.

Zumindest in Gedanken, auf Platz 2, der Baum, scheint es sich um eine monotone, immer wiederkehrende gleiche oder ähnliche Tätigkeit zu handeln, siehe auch Ring.

Auf Platz 3, der Vergangenheit, finden wir diese Aussage nochmals bestätigt durch den Brief, der auf Oberflächliches, Kurzes, Schmales, auch inhaltlich nicht so Dickes hinweist. Also ganz bestimmt keine Lebensaufgabe, der man sich hingibt.

Als Situationskarte liegt der Bär, dies bedeutet Stabilität und Sicherheit in allen kommenden Entscheidungen. Sie werden korrekt und sauber ausgeführt.

Anhand der Sonne als Hauskarte hat die Person derzeit sehr viel Kraft, Energie, auch Rückendeckung durch den Bären um Lösungen anzustreben. Da die Person sich neu orientieren will, so ist jetzt die beste Zeit.

Das Endergebnis sagt, der Mann 28, wird ihr zur Seite stehen, und sie wird einen neuen Weg gehen, der sie besser ausfüllt.

Kartenziehen in der Silvesternacht

Jeder Jahreswechsel ist immer wieder ein besonderes Ereignis, jedes Jahr neu und mit ganz besonderen Hoffnungen und Wünschen verbunden. Bereits unsere Altvorderen berichten von traditionellen Riten, die jedes Mal in der Silvesternacht stattfinden. Manche davon haben wieder in unsere moderne Zeit, ins 21. Jahrhundert, Einlaß gefunden wie das Bleigießen oder das Kartenziehen.

Also lassen Sie uns in der Silvesternacht um ca. 24.00 Uhr für jeden Monat eine Karte ziehen und sehen, ob ein glückliches, gesundes und zufriedenes Jahr sich zeigt.

Die Frage ist: »Was bringt mir das Jahr?«

Nehmen Sie das gesamte Päckchen in die Hand, und mischen Sie bitte alle 36 Karten.

Fächern Sie das Kartenblatt verdeckt auf dem Tisch aus.

Danach ziehen Sie nacheinander 12 Karten, für jeden Monat eine, heraus, und legen Sie diese offen in einer Reihe hin.

Folgendes Beispiel und die Lösung anbei:

Januar	29 Dame
Februar	9 Blume
März	8 Sarg
April	14 Fuchs
Mai	1 Reiter
Juni	12 Wege
Juli	2 Klee
August	35 Anker
September	17 Störche
Oktober	33 Schlüssel
November	26 Geheimnis
Dezember	22 Wege

Auswertung: »Was bringt mir das Jahr?«
Vorab eine grundsätzliche Aussage. Sollten Sie ausgerechnet die 29 Dame in irgendeinem dieser Monate ziehen, so ist diese Karte immer mit positiven Neuigkeiten für die eigene Person zu deuten.

Januar   29 Dame
Es betrifft nur die eigene Person, und viele positive Neuigkeiten werden sich ereignen.

Februar   9 Blumen
Dieser Monat wird sich insgesamt sehr harmonisch gestalten, und der Fragende wird viel Freude erleben.

März   8 Sarg
Eine Ruhephase ist angesagt, es bewegt sich nicht viel. (Gab es im Februar mit der Karte 9 Blumen zu viele Festlichkeiten?)

April   14 Fuchs
Behördengänge und behördliche Angelegenheiten sind zu erledigen.

Mai   1 Reiter
In diesem Wonnemonat Mai hat der Fragende sehr viel Elan und ein gutes Vorankommen. Viele angefangene Dinge erledigen sich zur Zufriedenheit. Da der Reiter – selbst eine äußerst aktive und positive Karte – in diesem Wachstumsmonat Mai liegt, ist tendenziell mit guten Ergebnissen zu rechnen.

Juni   12 Eulen
Es treten Unsicherheiten und Zweifel auf. Es ist etwas unklar, in welche Richtung der Fragende weiter gehen will. Die Person ist schwankend geworden.

Juli   2 Klee
Es ist viel an Glück zu erwarten. (Vermutlich wurde doch die richtige Entscheidung getroffen.)

August   35 Anker
Arbeitsmäßig wird die Situation stabil sein und fest verankert.

September   17 Störche
Eine positive Veränderung kommt.

Oktober   33 Schlüssel
Mit Gewißheit und Sicherheit wird die Veränderung stattfinden.

November   26 Buch
Die Projekte, die sich im September angekündigt haben, realisieren sich und schreiten voran.

Dezember   22 Wege
Es stehen mehrere Wege für das nächste Jahr an. Da die Karte Wege sich bereits im Dezember für das neue Jahr zeigt, heißt das, man ist frei in seinen Entscheidungen beziehungsweise hat die freie Wahl.

Diese Legung und Deutung basiert auf einer identischen Aussage. Die Karten wurden in der Silvesternacht niedergeschrieben und gedeutet. Im nachhinein wurden sie mit den tatsächlichen Ereignissen verglichen. Dabei zeigte sich eine in der Tat globale Jahresübersicht, allerdings nur mit den herausragendsten Merkmalen, die im Zusammenhang eine runde Jahresübersicht ergaben.

Natürlich versteht es sich von selbst, daß es nicht möglich ist, mit 12 Karten alle Details eines Jahres vorauszusehen, denn dazu ist unser Leben zu umfangreich. Jedoch sagt man dieser Tradition nach, daß die Aussagen der Silvesternacht sich immer ereignen werden.

Was kommt diese Woche auf mich zu?

Sicherlich ist es interessant und auch eine gute Übung zum Lernen, sich die Karten auf den Gesamtablauf einer Woche zu legen.

Mein eigenes dazu entwickeltes Legesystem sieht folgendermaßen aus:

Aus den 36 Karten der Mlle Lenormand nehme ich mir die Karte 20, den Park, für die Öffentlichkeit, heraus.

Diese Karte lege ich als oberste Karte offen hin.

Danach mische ich die 36 Karten.

Die Karten werden verdeckt ausgefächert auf dem Tisch ausgebreitet.

Einzeln ziehe ich Karte um Karte und lege sie in Dreierreihen, beginnend oben links nach rechts mit dem Bild nach oben hin.

So lange bis ich insgesamt 5 Reihen zu je 3 Karten vor mir liegen habe.

Aufgabe und Lösung:
Frage: »Was kommt diese Woche auf mich zu?«

Legeart 6

	Park 20	
12	23	36

Unsicherheit, Zweifel, Belastung verschwinden durch Mäuse und Kreuz.

10	9	3

In keine Panik geraten, ruhig und gelassen den Dingen ihren Lauf gehen lassen.

2	1	33

Glück und Zufriedenheit, man fühlt sich mit Gewißheit erleichtert.

5	26	7

Ein Knoten, ein Geheimnis aus der Vergangenheit, welches das eigene Leben betrifft, löst sich.

27	6	24

Durch eine Nachricht verschwinden Unklarheiten, die am Herzen nagten.

Alphabetisches Verzeichnis der Karten und Kombinationen

A

Abenddämmerung	Mond
Abfall	Mäuse
Abschluß, glücklicher	Klee + Kreuz
Abschluß, mißlungen (fast geklappt)	siehe Kapitel Karmisches Gesetz, Seite 148
Abtreibung	Wolke + Störche + Sense
Abtreibung (Schwangerschaftsabbruch)	Sense + Wolke + Kind
Abwarten	Sarg + Bär
Abwesenheit	Reiter (von PK abgewandt)
Adern	Wege
Ängste	Schlange + Mäuse
Ärger	Klee + Mäuse
Afrika	Sonne + Baum + Sarg
Aggressionen	Sense + Personenkarte
Akne, Pickel	Sterne + Berg oder Blumen + Berg
Alkohol	Wolke + Fische
Altenpflege	Haus + Eulen + Sarg
Altenheim	Haus + Sarg
Alter, hohes	Turm in Baumnähe
Alternativen aus dem Weg gehen	Schlange + Wege
Amerika (weitflächig)	Schiff + Berg + Turm + Park
Anerkennung	Schlange + Mond
Anerkennung, kurze	Klee + Mond
Ankunft, erfreulicher Besuch, Blumenbote	Reiter + Blumen
Anstalt, Internat	Turm + Sarg
Arbeit, kurze	Klee + Anker
Arbeit mit Publikum	Anker + Park
Arbeit mit Menschen	Anker + Park + Blumen
Arbeitslosigkeit, Unklarheiten im Beruf	Wolke + Anker
Arznei	Haus + Sterne
Arzt oder sehr hohe Persönlichkeit	Haus (links) + Sterne (rechts) darunter Turm
asiatische Länder	Park + Schiff + Turm + Sonne und Lilie in der Nähe
asiatisches Rußland	Schiff + Berg + Turm + Park + Lilie + Bär

Asthma	Kreuz + Reiter + Wolke	Aufregungen	Eulen
Astralreisen	Reiter + Sterne oder Klee + Sterne	Aufregungen rund ums Haus, Haus ist belastet	Haus + Sense
Astralwelten	Wolke + Sterne oder Sterne + Sonne + Wolke	Augen	Sonne
Astrologie, Astronom,	Haus + Sterne	Ausgeglichenheit	Lilie + Sterne
		Ausland	Schiff + Berg
Astrologin	Schlange + Sterne	Ausland, weiter weg	Haus + Turm + Störche + Schiff + Berg
Arthrose im Knie	Sense + Berg		
auf den Strich gehen	Haus + Lilie + Reiter + Sonne + Wege + Fische + Herz	Auslandstätigkeit	Haus + Berg mit Baum
		Ausstellung	Park + Blumen
		Ausstellung im Park, z. B. Bundesgartenschau	Park + Blumen + Reiter
Aufbruch, sich auf den Weg machen	Reiter + Schiff	Ausstellung Messe (nur Kurzfristiges)	Park + Reiter
aufgeschwemmt durch Alkohol	Baum + Fische + Mäuse	Auswege	Blumen + Wege
Aufgeschwemmtsein	Baum + Fische	Ausweichmöglichkeiten	Wege
Auflösung der Arbeit	Anker + Kreuz + Mäuse		
Auflösung einer Verbindung	Ring + Mäuse		
Auflösung einer Freundschaft	Hund + Mäuse/Kreuz	**B**	
Aufregung Familie	Eulen + Lilie	Bagatellen	Kind
Aufregung Gemeinschaft	Eulen + Ring	Bandscheibe, Knochen	Berg + Rute
Aufregung Öffentlichkeit	Eulen + Park	Bankgebäude	Turm + Fische

Bankgeschäfte	Fische + Ruten	Belastungen, Kummer	Schlange + Kreuz
Bauchspeicheldrüse	Sense auf den Mäusen	Berühmtheit, mediale	Sonne + Mond + Sterne
Bayern	Berg	Beruf: viel auf den Beinen sein	Haus + Reiter
Becken: es liegt fest im Becken	Störche + Lilie + Kind + Anker	Beruf der Seele (kein Psychologe)	Haus + Mond
Beckenbereich – gesamt (Hüfte, Schenkel, Steißbein)	Anker	Beruf: freundlich d.h., dienen/bedienen	Haus + Hund
Bedrohung	Wolke, dunkle Seite	Beruf: gefährlicher	Haus + Sense vor dem Anker
Beeinflussung	Wolke, dunkle Seite + Sonne	Beruf im Haus	Haus + Anker
Befreiung aus Zwängen begriffsstutzig	Baum + Schlange Sarg + Fuchs	Beruf mit Falschheit (falscher Beruf)	Haus + Fuchs
Behörde	Bär + Turm	Beruf mit Kindern, Neubeginn, Kleinbetrieb	Haus + Kind
Behörde, Finanzen	Bär + Turm + Fische + Fuchs	Beruf mit Metall	Haus + Sense
Behörde, Jugend	Bär + Turm + Kind	Beruf mit Pelzen oder Tieren	Haus + Bär + Fuchs
Behörde, Justiz	Bär + Turm + Ruten + Turm	Beruf: positiv (Organisationen, Kreativität, Energieberuf)	Haus + Sonne
Behörde, Soziales	Bär + Turm + Lilie		
Beinarbeit, viel unterwegs sein	Fische + Reiter	Beruf über Kommunikation: (Sprache z. B. Dolmetscher	Haus + Ruten
Beine	Storch		
Befreiung, z. B. aus Gefängnis	Reiter + Ring	Berufe mit Chemie und Gasen	Haus + Wolke über dem Anker liegend
Begriffsstutzigkeit: man begreift nichts	Sarg + Fuchs		

Berufe mit kurzfristigem glücklichem Einsatz	Anker + Klee	Bronchialasthma	Blumen + Wolke
Berufe: Polizei, Sozialarbeit, hektischer Einsatz	Haus + Eulen	Brutalität	Sense vor der Personenkarte
		Buch	Buch
Besuch, erfreulicher	Herz oder Blumen + Herz	Bundesgartenschau	Park + Blumen + Reiter
Besuch, unerfreulicher	Wolke + Herz		
Bindung	Ring		

C

Charme	Kind + Blumen
Chef	Bär
Chef, oberster Boss	Turm
Chef, unnahbarer	Berg
chronisch, immer wieder	Ring
Computer	Haus + Sense + Fische

Bindung in Gedanken	Ring + Reiter
Bindung fürs Leben	Ring + Baum
Bindung, starke	Ring + Kreuz
Blockade, falsche	Berg + Fuchs
Blockade, geistige	Mond + Berg
Blockade, kurzfristige	Klee + Berg
Blockade, eigene	Herr + Berg
Blockade, schwere	Wolke + Berg
Blockade, trotz Umwegen	Schlange + Berg
Blockade über die Seele	Mond + Berg
Blockade, wenn von anderen verursacht	Berg davor
Blumengeschäft	Haus + Blumen
Blut	Herz
Blutdruck, hoher (akute Gefahr)	Sense + Herz

D

Dame, nette	Blumen + Dame
Damenbesuch, herzlich	Schlange + Herz
Darm	Schlange
das Höchste, das ein Mensch erreichen kann	Sterne + Kreuz

Detektiv: Routine-aufträge	Haus + Buch + Fuchs	Ehestreit	Ruten + Ring
Depressionsneigung	Baum + Mond	Ehe wird nur durch Tod getrennt	Eulen + Kreuz + Ring
Depression, starke	Sarg + Mond	Eigentum mit Gewißheit, fertiges Haus	Haus + Schlüssel
Depressivität, negativ	Wolke + Mond	Einbruch, gefährlich	Sense + Fuchs + Mäuse
Diabetes	Schiff + Berg + Sterne	Eingebungen, mediale	Sarg + Sterne
Diebstahl	Fuchs + Mäuse	Einladung, doppelte	Blumen + Eulen
Dinge, die sich durch die Öffentlichkeit in die Länge ziehen	Schlange + Park	Einladung (Gesellschaft), kurzfristige	Klee + Park
Diskussion, schnelle Gespräche	Reiter + Ruten	Einladung, exklusiv	Reiter + Park
Dorf	Haus + Berg	Einsamkeit	Baum + Turm + Herz
dunkler Wolke sind Grenzen gesetzt	Wolke + Turm	Einsamkeit in der Ehe	Personenkarte + Baum + Personenkarte
Durchgangsverkehr (Gedanken an Familie)	Haus + Reiter + Lilie	Einstellung zur Familie falsch (Dame)	Lilie + Fuchs + Dame
		Einstellung zur Familie falsch (Herr)	Herr + Fuchs + Lilie
		Eiseskälte	Lilie + Sterne

E

		Elan, um Unklarheiten zu beseitigen	Reiter + Wolke
Egoismus	Turm	Elektriker	Haus + Sense + Sonne
Ehe aus Liebe	Ring + Herz	Empfangsbereitschaft, mediale	Mond
Ehe in Harmonie	Ring + Blumen		

Energie	Sonne	Erfreuliche Dinge, die einem am Herzen liegen	Blumen + Herz
Energie geschwächt	Sarg + Sonne		
Energie getrübt	Wolke + Sonne	Erkrankung der Eierstöcke	Lilie + Wolke + Sarg nur, wenn in der Nähe Lilie, Ruten oder Eulen liegen
Energieverlust	Sonne + Mäuse		
Energieschwankungen	Eulen + Sonne	Esoterik	Sterne
Entscheidung	Wege	Explosion	Sense + Sarg + Sonne
Entscheidungen für zwei Richtungen	Reiter + Eule		
Entscheidungsunsicherheiten	Wolke + Wege		

F

Fahrt, Auto	Schiff + Sense
Fahrt, Bahn	Schiff + Ruten
Fahrt, belastet	Schiff + Eulen
Fahrt, bevorstehende	Schiff + Haus + Dame
Fahrt, erfolglos	Wolke, dunkle Seite + Schiff
Fahrt, karmisch	Kreuz darüber
Fahrt mit guten Umwegen	Berg + Schlange
Fahrt mit schlechten Umwegen	Fuchs + Schiff
Fahrt ohne Rückkehr	Schiff + Kreuz
Fahrt/Reise	Schiff
Falschheit	Fuchs

Entscheidung wird abgenommen	Wege + Kreuz/Mäuse
Entwicklung, erfreuliche	Blumen + Sonne
Entwicklung zur Spiritualität	Blumen + Sterne
Erbschaft	Schiff + Kreuz + Fische + evtl. Buch
Erbschaft, Testament	Kreuz + Buch
Ereignis, kurzfristig bevorstehendes	Klee + Herr oder Klee + Dame
Erfolg	Sonne + Sterne
erfreulichem Ereignis entgegengehen	Blumen + Reiter

falsche Handhabung	Fuchs + Fische	Fragesteller	Herr
falsche Krebsgefahr	Wolke + Kreuz + Fuchs	Fragestellerin	Dame
falsche Lebensweise	Fuchs + Baum	Frau, der Sie vertrauen können	Schlange + Fuchs
falsche Nachricht	Reiter + Fuchs	Frau, die falsche	Schlange + Herr
falsches Glück	Klee + Fuchs	Frau mit negativer Ausstrahlung	Schlange + Wolke
Falten	Schlange + Schiff + Berg		
Familie	Lilie	Frau, naive	Blumen + Schlange
Familie, glückliche	Klee + Lilie	Frauenarzt	Haus + Lilie + Turm
Familienbesitz	Haus + Lilie	Frauengesellschaft, eine nicht zu unterschätzende junge Frau	Schlange + Blumen
Familienbetrieb	Haus + Lilie		
Familienfeier	Blumen + Lilie	Frauenkrankheit	Sarg + Dame
Familienmitglied	Schlange + Lilie	Freude	Klee/Blumen
Familienverhältnisse unklar	Wolke + Lilie	Freude, Glück, Geschenk	Blumen + Klee
		Freude im Haus	Blumen + Haus
Fehlgeburt	Baum + Störche + Fuchs	Freude in Herzensdingen	Klee + Herz
Fehlgeburt, Abtreibung	Sense + Wolke + Kind	Freude über ein wertvolles Geschenk	Blumen + Fische
festhalten	Anker		
Fieber	Sense + Sonne oder Sense + helle Seite der Wolke	Freude, noch nicht spruchreif	Buch + Blumen
Finanzen	Fische	Freude, spontane	Blumen + Baum
Florist	Haus + Blumen	Freund erkrankt	Sarg + Hund

Freund, Freundschaft	Hund	**G**	
Freund, gemeinsame Unternehmungen	Reiter + Hund	Gartenschau, Vernissagen	Blumen + Park
Freund, undurchsichtiger	Wolke + Hund	Gebärmuttersenkung	Wolke vor der Lilie
Freundinnen	Schlange + Dame	Gebrechen, Behinderung, (von Geburt an oder Unfall)	Park
Freundschaft	Hund		
Freundschaft, die nicht von Dauer ist	Schlange + Hund	Geburt	Baum + Sonne + Kind
Freundschaft, gefahrvolle	Sense + Hund	Gedanken an Trennung	Reiter + Turm
		Gedanken, blockiert	Berg/Turm + Schiff/Reiter
Freundschaft fürs Leben	Baum + Hund	Gedanken, falsche	Reiter + Fuchs + Personenkarte im Geschäftsfeld
Freundschaft, kurze	Klee + Hund		
Freundschaft, nette	Blumen + Hund	Gedanken, familiärer oder sexueller Art	Lilie + Reiter/Schiff
Freundschaft, ruhende	Sarg + Hund	Gedanken, negative (geringer Lebenswille)	Sonne + Sarg + Wolke
Frieden	Lilie		
Friedhof	Park + Kreuz + Lilie	Gedanken nachhängen	Schiff
Frühling	Blume	Gedächtnisstörung	Berg + Sterne
Führer, negative geistige	Wolke + Mond	Gefahr	Sense weist darauf
Führungspersönlichkeit	Sterne + Berg	Gefahr, doppelte	Sense + Eulen
Führungspersonen in hoher Position	Sterne + Turm/Bär daneben oder darunter	Gefahr fürs Geld	Sense bei den Fischen
Fußgelenkebruch (Unfall)	Wolke + Sarg + Reiter	Gefahr, schwere im Kommen	Wolke + Sense + Reiter

Gefängnis, unklare Laufzeit	Wolke + Turm	Geistführer	Sterne + Berg
Gefängnis, kann auch kurzfristig sein	Sarg + Turm	Geistwesen, Gnome, Schutzgeister	Sterne + Kind
Gefängnis, durch Verhandlung	Wolke + Turm + Ruten	Geistheilung	Ruten + Sonne
		Gelände, stillgelegtes	Sarg + Park
Gefängnis, selbstgeschaffenes	Wolke + Turm + PK	**Geld und Kapital**	
		Geld	Fische
Gefühlskälte	Berg + Herz + Lilie	Diskussionen über Geld	Fische + Ruten
Gefühlskälte, die man nicht zeigt	Berg + Herz	Geld, falsche Handhabung	Fuchs + Fische
geheim	Buch	Gefahr fürs Geld	Sense bei den Fischen
Geheimdienst	Haus + Fuchs + Buch + Sense	Geldgespräche	Fische + Ruten
		Geld, kleines	Fische + Kind
geheim, (es bleibt geheim)	Kreuz + Buch	Geld kommt auf Umwegen	Schlange + Fische
Geheimnis, ein erfreuliches	Klee + Buch	Geld kommt, positive Geldangelegenheiten	Reiter + Fische
Geheimnis, ein erfreuliches, noch unbekanntes	Blumen + Buch	Geld kommt zurück, das verlorengegangen war	Sarg + Fische
Geheimwissenschaft	Buch + Sterne	Geld, kurzfristiges	Klee + Fische
Gehirn	Mond	Geldmangel, privat	Berg + Wolke + Fische
Gehirnflüssigkeit	Mond + Schiff	Geldmangel, geschäftlich	Wolke + Anker + Fische
Geistesgestörtheit, Besessenheit	Wolke + Mond + Sarg	Geldmangel, allgemein	Berg + Park + Fische

Geldschwund	Fische + Mäuse	Gemüse	Klee
Geldüberweisung/Scheck	Fische + Brief	Gemüt	Mond
Geldstabilität	Anker + Fische	Gemütlichkeit daheim	Blumen + Haus
Geld in Werten angelegt	Sarg + Fische	Gemütsschwankung	Eulen + Mond
Geldverlust, vorübergehend	Wolke + Fische	Genesung blockiert	Sarg + Berg
Geldverlust, durch eigenes Verschulden	Fische + Mäuse	Gerichtsvollzieher	Reiter + Haus + Sense oder Haus + Sense + Reiter
Geld, doppelt erhalten	Eulen + Fische	Geschäftsreisen, Beruf mit Reisen	Anker + Schiff
Sparsamkeit mit Geld	Berg + Fische	Geschenk, ideell wertvoll	Blumen + Kind
Geiz in Geldangelegenheiten (Dame)	Turm + Berg + Fische + Dame	Geschenk, materiell wertvoll	Blumen + Fische
Geiz, der (Herr)	Herr + Fische + Berg + Turm	Geschenk ohne materiellen Wert, erfreuliche Nachricht	Blumen + Brief
Geld: circa 1.000 DM	Sterne + Fische		
weniger als 1.000 DM	Fische + Kind	Geschlechtskrankheit	Lilie + Wolke + Sarg
in Zehntausenderhöhe	Fische + Sterne + Sonne	Geschwätz, falscher Name, Tratsch	Blumen + Fuchs
in Hunderttausenderhöhe	Fische + Sterne + Mond + Sonne	Gesellschaft	Park
in Millionenhöhe	Anker + Fische + Mond + + Sonne + Turm	Gesellschaft, auf dem Weg zu einer	Reiter + Park
		Gesellschaft, auf die man aufpassen muß	Sense + Kind
***		Gesellschaft, kleine, nette	Blumen
Gelenke, Hände	Ruten		
Gelenkschmerzen	Ruten + Wolke		

Gesellschaft, zwielichtige	Wolke + Park	Gewächs, Ergebnis unklar	Wolke + Blumen
Gesellschaftstreffen, erfreuliches Fest im Haus	Haus + Blumen	Gewächse am Kopf	Blumen + Berg
Geschlechtsorgane	Lilie	Gewächse, Myom, Verwachsungen, Ausschlag	Blumen
Gesundheit, stabile, gute Kondition	Baum + Sonne	Gewächse, Myom, Verwachsungen	Baum + Blumen
Gespräch	Ruten	Gewißheit über den gesundheitlichen Zustand	Schlüssel
Gespräch, aggressives	Ruten + Vögel		
Gespräch, erfolgreiches	Ruten + Sonne + Sterne	Gewitterwolken ziehen ab	Haus + Wolke
Gespräch, erfreuliches	Blumen + Ruten	Glück	Klee, Sterne, Reiter, Kind
Gespräch, ermüdendes	Baum + Ruten	Glück im Haus	Klee + Haus
Gespräch, geistreiches	Ruten + Sterne	Glück, kleines	Klee + Kind
Gespräche, Drumherumgerede	Schlange + Ruten	Glück, kurz hintereinander auftretendes	Klee + Eulen
Gespräche, falsche	Schlange + Ruten		
Gespräche, harter Wortwechsel	Sense + Ruten	Glück, plötzliches	Klee + Sense
		Glücksbote	Reiter + Klee
Gespräche, undurchsichtige	Wolke + Ruten	Glücksgedanken	Klee + Reiter
Gespräche und Verbindungen herbeiführen, Diskussionen, Kontakte	Reiter + Ruten	Glückspilz	Sterne + Bär/Ring
		Gold als Farbe	Sonne
		Gold als Metall	Sonne + Ring
Gesprächsauflösung	Ruten + Kreuz/Mäuse	Grenzen setzen, Einhalt gebieten	Klee + Turm
Gesundsein	Baum + Sonne oder Sterne + Haus		

Grenzüberschreitung	Turm + Wege	Haus auf Umwegen (je nach Umfeld zu beurteilen)	Haus + Schlange
groß	Berg		
Großstadt, City	Park	Haus, das im Schatten liegt	Wolke + Haus
Gurgel	Hund		
Gutmütigkeit	Kind + Herz	Haus, das nicht mehr verlassen wird (Dame)	Turm + Haus + Berg + Dame
		analog der Herr	Herr + Berg + Haus + Turm

H

		Haus, diesem können Sie vertrauen	Haus + Hund
Haare	Fuchs + Bär	Haus, (eigenes) flaches Haus, Bungalow	Haus + Brief
Hals, Mandeln, Atemerkrankungen	Wolke + Fuchs		
Halsen, Nase, Ohren	Fuchs	Haus: fern vom Haus ausgesperrt	Haus + Turm
Halt!	Turm	Haus, in belebter Straße in Wohnnähe	Sense + Haus + Baum
Handgelenkebruch (Unfall)	Wolke + Sarg + Ruten	Haus: im Haus Veränderungen vornehmen, Umzug	Haus + Störche
Handlesen	Sterne + Ruten		
Harmonie	Lilie	Haus, in der näheren Umgebung	Haus + Mond
Harmonie in Vollendung	Turm + Lilie + Bär + Sterne	Haus in Gefahr, Zwangsräumung	Sense + Haus
Harmonie, körperliche	Turm + Lilie + Bär	Haus, mediales	Baum + Sterne
Haus	Haus	Haus mit Herz	Haus + Herz
Haus als Hemmnis	Berg + Haus	Haus, Mietkündigung	Sense + Haus

Haus, neues	Haus + Kind	Heilpraktiker	Haus + Blumen auf dem Turm oder Blumen + Turm
Haus, positives	Haus + Sterne	Heilung	Sarg + Blumen
Haus: Stabilität, altes Haus, steht auf dem Berg	Haus + Bär	Heilwirkung, Kräuter	Blumen + Sarg
		Heilwirkung, verlorene	Sarg
Haus, steht auf Wasseradern, Geldhaus (Bank)	Haus + Fische	Heimat, Verwurzelung mit dem Haus	Baum + Haus
Hausverlust von: z. B. Aussiedler	Haus + Mäuse	Heimreise	Schiff + Haus
Haus: Vorsicht, was das Haus betrifft, falsches Haus	Haus + Fuchs	Heiratsantrag	Ring + Brief + Reiter
		Hektik	Eulen
Hausarbeit, fest verankert mit dem Haus	Haus + Anker	Hellsehen mit Vorsicht, da Gefahr der Beeinflussung	Sense + Sterne
Hausbindung, stabile Lebensbindung	Haus + Ring	Hellsichtigkeit	Sterne
Hausblockade, Besetzung	Haus + Berg	Hellsichtigkeit, entwickelte Medialität	Ruten + Sterne + Mond
Hausboot	Haus + Schiff		
Hausdokumente	Haus + Buch	Herbst, Spätsommer	Baum
Hausfrau	Haus + Dame	Herz, Kreislauf	Herz
Hausmeister, Hausherr	Haus + Herr	Herzenswärme	Herz + Sonne
Haut, klares Gedächtnis	Sterne	Herzflattern	Eulen + Herz
Hauterkrankung	Sterne + Sarg	Herzflattern, nervöses	Eulen + Herz
Hauterkrankung, chronisch, zum Teil lebenslang	Sterne + Sarg + Kreuz	Herzklopfen	Herz + Eulen
		Herzkrankheit, schwere,	Sarg + Herz

Herzkranzgefäße	Herz + Blume + Wege oder Herz + Blume + Ruten	**I**	
Herzrhythmusstörung	Herz + Ruten	Immobilien	Baum + Anker
Herzschlag	Herz + Sarg oder Herz + Kreuz oder Kreuz + Herz	Impotenz	Lilie + Turm + Kreuz
		Intelligenz	Sterne + Sonne
Herzschrittmacher	Sense + Herz + Ruten	Intelligenz und Raffinesse	Schlange + Anker
Herzschwäche	Herz + Sarg		
Herzschwäche, schwankender Blutdruck	Herz + Wolke	Internat, Anstalt	Turm + Sarg
		Irland	Baum
Hilfsbereitschaft	Herz	Isolation, Trennung	Sarg + Turm
Hindernisse, undurchsichtig	Wolke + Berg	Italien	Kind
hoch	Turm		
Hochhaus	Turm + Park	**J**	
Hochhaus, großes Haus	Haus + Park		
Hochzeit	Park + Ring	Japan	Fuchs
Höchste, das ein Mensch erreichen kann	Sterne + Kreuz	Jugendlicher	Kind
		Junge	Kind + Fuchs
Holland	Turm + Schiff	Jungfräulichkeit	Personenkarte + Lilie (nicht im Rücken)
Holz	Baum		
Hormonhaushalt	Herz + Lilie	Jungfräulichkeit trotz Liebesbeziehung	Fuchs, darunter Personenkarte + Lilie
Hotel	Turm + Park		
Hüften	Anker		

K

Kälte (Temperatur)	Sterne/Lilie
Kapital	Fische
Karma, erledigtes	Kreuz + Sterne
Karma, karmisch	Kreuz
Karma wird erfüllt	Sterne + Kreuz
Katze	Fuchs
Kehle	Hund
Kind	Kind
Kind in Gefahr	Sense + Kind
Kind in Lebensgefahr	Kind + Kreuz
Kind ist abwesend	Kind + Mäuse
Kind liegt im Becken	Störche + Lilie + Kind + Anker
Kind, Sorgen ums	Eulen + Kind
Kindergarten	Kind + Park
Kinderkrankheiten	Kind
Kinderkrankheiten, kleine Geschwulst	Blumen + Kind
kindliches Gemüt	Kind + Mond
Kirche	Park + Kreuz
Kirche mit Friedhof	Park + Kreuz + Lilie
Klarheit	Sterne
Klarheit, gelangen zur	Wege + Sterne
Klarheit kommt auf Umwegen	Schlange + Sterne
Klavier	Sterne + Ruten
klein	Kind
klein und zierlich	Kind/Fuchs
Kloster	Turm + Kreuz
Knochenbruch, evtl. Sehnenriß, (Unfallgefahr)	Berg + Eulen + Sarg
Körper, allgemein	Haus
Körper ist krebsgefährdet	Haus + Wolke + Kreuz

Körperteile und Bereiche

Adern	Wege
Atemwege	Wolke
Augen	Sonne/Sense
Bandscheibe	Berg + Ruten
Beckenbereich	Anker
Beine	Reiter/Störche
Blase	Schiff/Fische

Brustbereich	Wolke	Hüfte	Anker
Darm	Schlange	Knie	Berg
Eierstöcke	Vögel + Lilie	Knochen	Berg
Entzündungen	Sense	Kopf	Berg
Fesseln	Reiter	Kopf, auch Warze	Sarg + Berg + Sense
Finger	Turm	Kropf	Berg
Galle	Fische + Schiff	Leber	Mäuse
Gedächtnis	Sterne	Lunge	Baum
Geist	Mond	Lymphbahnen	Wege + Sonne
Gehirn	Mond	Lymphdrüsen	Fische + Wege
Gehirnflüssigkeit	Mond + Schiff	Magen	Mäuse
Gelenke	Ruten	Nabelschnur	Schlange
Geschlechtsorgane	Lilie	Nase	Fuchs
Gewächs	Blumen	Nieren	Fische
Haare	Fuchs + Bär	Ohren	Fuchs
Hände	Ruten	Rückgrat	Turm
Hals	Fuchs/Turm	Schädelplatte	Berg
Halswirbel	Sense	Schenkel	Anker
Haut	Sterne	Schnittverletzungen	Sense
Homonen	Lilie	Schultern	Bär

Schwangerschaft	Störche	kränkeln	Wolke + Baum
Seele	Fische	Kräuter	Blumen
Skelett	Berg	Kraft, des Lebens	Baum + Sonne
Stimme, Stimmbänder	Hund + Ruten	Kraft, Energie im Rücken (warme, gute Gedanken)	Reiter + Sonne
Steinbildung	Berg	Kraft, Energie (kurze)	Klee + Sonne
Steißbein	Kreuz + Ruten	Kraft, Energie, Lebenswille, schnelle Gesundung	Sonne
Unterleib	Lilie		
Warze, auch Kopf	Sarg + Berg + Sense	Kraft, kosmische	Sonne + Sterne
Wirbelsäule	Schlange	Kraft, kurzfristig mindernd	Sarg + Sonne
Venen	Eulen	Kraft und Energie kommt über Umwege	Schlange + Sonne
Verdauungstrakt	Berg		
Verkalkung	Berg	Krampfadern	Eulen + Störche
Zähne	Berg	Krankenhaus	Park + Sarg
Zunge	Ruten	Krankenhaus, gemütliches	Haus + Sarg

* * *

Kondition, körperliche	Baum	Krankenpflege, Schwarzarbeit, Unwohlsein, Berufsprobleme	Haus + Sarg
Kontakt, kurzer	Klee + Brief		
Kontakte aus der Ferne	Reiter + Schiff + Ruten	Krankheit	Baum + dunkle Seite d. Wolke
Kontakte aus der Transzendenz	Wege + Sarg + Sterne	Krankheit, aber nicht durch die Seele	Baum + Mäuse
Kosmos	Sterne	Krankheit, die keine ist	Sarg + Buch

Krankheit durch seelische Belastung	Baum + Sarg
Krankheit geht fix vorbei	Baum + helle Wolke
Krankheit, kurze	Baum + Wolke oder dunkle Wolke helle Wolke
Krankheit löst sich auf	Sarg + Wolke
Krankheit löst sich auf, Magen und Darm	Sarg + Mäuse
Krankheit, schwere	Wolke + Mäuse
Krankheit zieht sich hin	Wolke + Sarg
Krankschreibung, Befund	Sarg + Brief
Kreativität	Sonne
Krebsgefahr	Wolke + Kreuz + Sense
Krebsgefahr, Diagnose unsicher	Wolke + Kreuz
Kriminalität	Sense + Sarg
Kropf	Berg
Kunst	Sterne/Ruten

L

Langeweile	Baum
Langeweile in der Ehe	Personenkarte + Baum + Personenkarte
langweilige Person	Baum unter, neben oder über Personenkarte = faul
Leben	Baum
Leben als solches	Sonne
Leben, altes	Baum + Bär
Leben, eigenes	Baum
Leben, esoterisches	Baum + Sterne
Leben, Freundschaft fürs	Baum + Hund
Leben, getrennt vom Partner (Dame)	Dame + Haus + Turm/Berg + Herr
Leben, getrennt vom Partner (Herr)	Herr + Berg/Turm + Haus + Dame
Leben, hindernisreiches	Baum + Berg
Leben, mit Masken	Baum + Ruten
Leben, sorgenvolles	Baum + Ruten
Leben, wissentlich falsches	Baum + Fuchs
Lebensabschnitt, neuer	Baum + Kind

Lebensbaum, Wachstum	Baum	Lebenspartner	Baum + Herr
Lebensberuf	Baum + Anker	Lebenspartnerin	Baum + Dame
Lebensbestimmung	Baum + Schlüssel	Lebensreise, schicksalhaft	Schiff + Baum
Lebensbindung	Baum + Ring	Lebensschiff	Baum + Schiff
Lebensbindung geht zu Ende, evtl. Witwenschaft	Wolke + Ring	Lebensstellung	Haus + Baum
		Lebensveränderung	Baum + Storch
Lebensblockade, hindernisreiches Leben	Baum + Berg	Lebenswille, gering (müde und schlapp)	Sonne + Sarg
Lebenselan	Baum + Reiter	Leber	Mäuse
Lebensfreude	Baum + Blumen oder Baum + Herz	Leere	Baum
Lebensgefahr	Sense + Baum	Lehrer, Gerichte, Behörde (Beamte)	Haus + Turm + Ruten
Lebensgefahr, Leben hängt am seidenen Faden	Sense + Baum	Leidenschaft	Turm + Lilie + Bär
		Leidenschaft, gefährliche	Sense + Bär
Lebensgeheimnis	Baum + Buch	Leute, fast immer alte	Eulen
Lebensgespräche, Therapie	Baum + Ruten	Liebe	Herz
		Liebe, erfüllte	Herz + Sterne
Lebensglück	Baum + Klee	Liebe, leidenschaftliche	Herz + Bär
Lebensglück, neues	Klee + Baum		
Lebensgrenze	Baum + Park	Liebe, unerfüllte	Herz + Mäuse
Lebensnachricht	Baum + Brief	Liebe, zwei Personen, zwei Verbindungen	Herz + Ruten + Eulen

Liebesantrag	Reiter + Herz + Brief/Ruten
Liebeskummer	Wolke/Sarg + Herz
Liebeskummer, Herzkrankheit, kann auch seelisch sein	Sarg + Herz
Liebeskummer, Schwankungen im Herz	Wolke + Herz
Lüge	Fuchs + Personenkarte (im Blickfeld waagrecht davor)
Lüge, als Angeberei	diagonal unter der Personenkarte im Rücken
Lüge, als Intrige	Fuchs im Rücken der Personenk. diagonal über der Personenkarte
Lüge, als Notlüge	Fuchs im Rücken der PK diagonal unten
Lüge, als Verschweigen	im Rücken der Personenkarte waagrecht
Luft, Atemwege, Lunge (Brustbereich)	Wolke
Luftröhre	Schlange darunter Wolke oder Sense darunter Wolke
Lungenentzündung	Sarg mit Wolke
Lymphdrüsen(Stauungen)	Fische + Wege

M

Mädchen	Kind + Blumen
Mädchen, junges	Blumen
Mädchen, sehr junges	Blumen + Kind
Magen, Darm, Verdauung, Leber, Innereien	Mäuse
Magen, Darmerkrankung, als Krankheit	Sarg + Mäuse
Magen, nervöser, chronisches Leiden	Baum + Mäuse
Magen und Darmerkrankungen	Mäuse + Schlange
Magenverstimmung	Mäuse + Wolke
Magie, schwarze	Sonne + Sarg + Wolke Wolke + Sonne + Sarg
Magie, weiße	Sonne + Wolke oder Sonne + Sterne
Mann, dieser gehört Ihnen nicht alleine	Blumen + Herr
Mann, gutgesinnt und in einer höheren Position	Blumen + Bär
Mann, jung und immer sportlich aktiv, selbstbewußt	Reiter + Mann
Mann, jünger	Reiter

mediale Einflüsse	Sterne + Sarg	Musik	Sterne + Ruten
mediale Fähigkeiten	Mond + Sarg	Mutter	Turm + Schlange
mediale, klare Fähigkeiten	Sonne + Sterne		
Medikamente, falsche	Wolke + Blumen + Fuchs		
Medikamente, gute	Kreuz + Blumen		
Medikamente, schlechte	Wolke + Blumen + Sarg		

N

Meditation	Schiff + Mond	Nachmittag bis Dämmerung	Baum
Meditationsempfehlung, über sich selbst	Reiter + Mond	Nachricht	Brief, Ruten, Reiter, Schiff, Blumen, je nach Nachricht
Menschen, mit vielen innerlichen Schwankungen	Baum + Eulen	Nachricht, auf Umwegen	Schlange + Brief
Metall	Schlüssel + Sense	Nachricht, aus der Ferne	Schiff + Brief
Metallberuf	Anker + Schlüssel	Nachricht, freudige	Reiter ist dabei oder allein
Mieter	Personenkarte, darunter Haus	Nachricht, freudige Botschaft ins Haus	Reiter + Haus
Mißerfolg	Sarg + Mond	Nachricht, glückbringende	Reiter + Sterne
Mißgunst	Herz + Fuchs	Nachricht, gute	Reiter + Klee/Blumen usw.
mißtrauisch	Personenk. + Fuchs diagonal oben vorne	Nachricht, ist hundertprozentig sicher	Reiter + Schlüssel
Morgen bis Mittag	Sonne	Nachricht, Krankheit betr.	Reiter + Sarg
Motor, schleudern, kurbeln, Kupplung	Sense + Schlange	Nachricht, kummervolle	Wolke dunkle Seite + Brief
Müdigkeit	Sarg + Baum	Nachricht mit Aufregung	Wolke + Brief + Eulen

Nachricht, mündliche	Reiter
	Ruten
	Reiter + Ruten
Nachricht, schriftliche	Reiter + Brief
Nachricht, überraschende	Reiter/Brief + Sense
Nachricht von älteren Personen	Reiter + Bär
Nacht	Sterne
Naivität, wird aufgehoben	Schlange + Kind
Narkose	Sense + Lilie + Sterne
Nase	Fuchs
Natürlichkeit	Herz + Kind
Neid	Herz + Bär
Neigung zu Depressionen	Baum + Mond
Nerven	Mond
Nervenheilanstalt	Mond + Sarg oder Mond + Sarg + Park
Neuanfang	Sarg + Kind
Neuigkeiten, überbringen	Reiter + Kind
Nieren, Blase, Seele, Füße, von negativen Karten umgeben, bedeutet seelische Krankheiten	Fische
Nierenbeckenentzündung	Fische + Sense + Sarg + Anker
Nierenentzündung, hat bereits begonnen	Fische + Sarg + Sense
Nierenerkrankung, Lymphe	Fische + Sarg

O

oberflächlich	Brief
Öffentlichkeit	Park
Österreich, Ungarn	Reiter
Ohnmächtigkeit löst sich auf	Sarg + Herr
Ohren	Fuchs
Operation, Eingriff, Metall, Nägel, Spritze	Sense + Anker
Organisation	Anker
Organisation, geheime	Anker + Buch
Orient, Südasien, Südamerika, Australien	Schiff + Berg + Turm + Park + Sonne
Ortsveränderung, erfreuliche	Blumen + Storch
Ortswechsel	Reiter + Turm

P

Parapsychologie	Haus + Mond + Fische + Turm
Parkcafe, Tanzlokal	Park + Sterne + Eulen
Partner, lebt meistens weiter weg (Dame)	Schiff + Dame
Partner, lebt meistens weiter weg (Herr)	Schiff + Herr
Pause, kurzfristige	Sarg + Klee
Pelz	Fuchs + Bär
Persönlichkeit, beeinflußbare	Hund + Fuchs
Persönlichkeit, gespaltene (Vorsicht)	Wolke + Fuchs
Persönlichkeit, kann nichts Negatives vertragen	Wolke im Blick der Personenkarte, das ist die Kombination, die allergrößte Vorsicht bei jeder Formulierung gebietet.
Persönlichkeit, klare	Turm + Sterne
Persönlichkeit, scharfsinnige	Sterne + Sense
Pfarrer, Märtyrer, Geistliche sowie unter kirchlicher Verwaltung stehende Personen	Haus + Kreuz
Pflegerin, Betreuerin, Krankenschwester	Haus + Blumen mit Sarg
Phantomschmerzen	Mond + Sterne
Pilzerkrankung	Lilie + Wolke
plötzliches Geschehen	Sarg + Sense
Politik	Sonne + Mond + Turm
Polizei	Haus + Eulen
Prinzipien	Hund
Prostitution in einem Haus	Haus + Reiter + Lilie + Park + Fische + Herz
Prügelei	Sense + Sarg + Ruten
Psychologe	Haus + Mond +Fische + Turm

Q

Quälereien, sadistische	Sense + Lilie

R

Rauschgift	Lilie + Sterne
Rauschgift, Haschisch	Lilie + Sterne, darunter Fuchs
Rauschgift, Kokain	Lilie + Sterne, darunter Berg

Rauschgift, rauchen	Berg + Lilie + Sterne + Wolke	Reise, erfreuliche	Blumen + Schiff
Rauschgift, schnüffeln	Fuchs, darunter Berg + Lilie + Sterne oder Berg + Lilie + Sterne + Fuchs	Reise, in den Norden, auch Schutzgeist	Schiff + Sterne
Rechtsanwalt	Ruten + Bär	Reise, in den Süden	Schiff + Sonne
Rechtsperson, hochgest.	Ruten + Bär + Turm	Reise, in Kürze	Schiff + Klee
Redegewandtheit	Schlange + Eulen	Reise in netter Damengesellschaft	Schiff + Blumen
Reise	Schiff	Reise, klein und ohne Ziel	Schiff + Kind
Reise, beschwerliche	Schiff + Bär		
Reise, bis zur Grenze	Schiff + Turm	Reise, kommt von Reise	Schiff diagonal im Rücken der Personenkarte
Reise, die Erfolg bringt, positive Reise	Schiff + Mond	Reise, Kreuzfahrt	Schiff + Ruten
Reise, die im geheimen liegt, Reisegewinn	Schiff + Buch	Reise, kurze	Haus + Klee
Reise, die mit dem Beruf zu tun hat, Reisebüro	Schiff + Anker	Reise, mit dem Herzen beteiligt, Liebesreise	Schiff + Herz
		Reise, mit Familie	Schiff + Lilie
Reise, die mit Geldgeschäften zu tun hat	Schiff + Fische	Reise, mit Gewißheit	Schiff + Schlüssel
Reise, die noch im dunklen liegt	Wolke + Schiff	Reise, mit Umwegen, Verzögerungen	Schiff + Schlange
Reise, die schicksalhaft ist, karmische Reise	Schiff + Kreuz	Reise, noch nicht spruchreif	Schiff + Buch
Reise, die sich verzögert (Stau)	Schlange + Schiff	Reise ruht, späterer Zeitpunkt	Schiff + Sarg
Reise, doppelte (Hin- und Rückfahrt)	Schiff + Eulen	Reise, S- oder U-Bahn	Schiff + Sense/Park + evtl. Ruten, darunter Schlange

Reise, undurchsichtige	Schiff + Wolke	Rücken	Sarg + Kreuz
Reise, zu Freunden, Reisefreundschaft	Schiff + Hund	Rückgrat, Wirbelsäule	Kreuz + Turm + Sarg
Reiseaufregungen	Schiff + Sense	Rückgrat, Wirbelsäule, einzelner Finger, Hals	Turm
Reiseblockade	Schiff + Berg	Ruhephase, im Weiterkommen festgefahren	Reiter + Sarg
Reisefreude, nette Reisegesellschaft	Schiff + Blumen	Ruhephase, positive kurze (schöpferisch)	Klee + Sarg
Reisegesellschaft	Schiff + Park	Rundreise	Schiff + Ring
Reisegespräche	Schiff + Ruten	Rußland	Schiff + Berg + Bär oder Schiff + Turm + Bär
Reisekrankheit	Schiff + Sarg		
Reiseleiter	Schiff + Anker + Reiter		
Reisetätigkeit, Fremdenführer	Haus + Reiter + Schiff		
Reiseveränderung	Schiff + Storch		

S

Reiseverlust	Schiff + Mäuse	scharfe Gespräche, scharfe Zunge	Sense + Ruten
Reiseverlust, Fehlschlag, falsche Reise	Schiff + Fuchs	Scheidung	Turm + Ring Herr + Turm + Dame
Reisewege in verschiedene Richtungen	Schiff + Wege	Scheidung, in	Ring + Sarg
Restaurant	Park + Fische	Scheidung, Tod der Ehe, Witwenschaft	Sarg + Ring
Revolution	Kreuz + Storch	Schein, falscher	Sonne + Fuchs
Rheuma	Ruten + Sarg	Schicksalsschlag, plötzlich, hohe Lebensgefahr	Sense + Baum
richtiger Weg	Reiter + Wege		

Schiffahrt mit Unternehmungen an Land	Schiff + Reiter	Schwankungen, (innerlichen Schwankungen unterworfen)	Baum + Eulen
Schilddrüse	Sense + Fische	Schwankungen, jedoch vorankommen	Sterne + Vögel
Schilddrüsenerkrankung	Fische + Sense + Sarg		
Schlankheit	Fuchs	Schwankungen, negative	Wolke dunkle Seite + Vögel
Schlüssel	Schlüssel	Schwankungen, persönlich bedingt	Wolke + Mond
Schlüsselbein	Schlüssel + Anker		
Schlüsselmacher	Schlüssel	Schweiz	Berg + Lilie
Schlüsselmacher, Sicherheitsdienst	Haus + Schlüssel	Schwiegermutter, als Störfaktor	Fuchs + Turm
Schmerzen im Finger	Turm + Wolke	Schwiegermutter, beliebt	Bär + Turm
Schnee	Lilie	Schwitzen	Reiter + Sonne
Schottland	Sense + Turm	Seele	Fisch Mond
Schrecken, freudiger	Sense + Reiter	seelische Einstellung, falsch	Mond + Fuchs
Schrecken, kurzer	Sense + Klee		
Schule	Anker	Seele bringt Krankheit, die noch abwendbar ist	Baum + Sarg
Schultern, schwerfällig, dicke Beine	Bär		
		Seelsorger, Buchhalter, Papiere als Dokumente	Haus + Fische
Schutzgeister	Sterne + Kind		
Schwangerschaft	Baum + Störche + Kind	Sehnsucht, Fernweh	Ruten + Schiff
Schwangerschaft, falsche	Fuchs + Storch + Lilie + Kind	Sekretärin, Schreibmaschine	Haus + Ruten + Brief
Schwangerschaft, Kind liegt im Becken	Storch + Lilie + Kind + Anker	Selbstmordgefahr, Verlust, negativer Einfluß	Wolke + Schlange

Selbständigkeit	Anker + Turm	Spionage, Geheimdienst, Schnüffeln	Haus + Fuchs + Buch + Sense
Sensibilität	Mond	Sport	Reiter
Sensitivität	Mond + Personenkarte	Sportgeschäft, Gestüt, Reitstall	Anker + Reiter + Haus
Sexualität	Lilie		
Sexualität, falsche Einstellung	Lilie + Fuchs	Sportlichkeit, aktives Selbstbewußtsein	Reiter + Dame
Sexualität in Harmonie	Turm + Lilie + Bär	Sportstudio	Haus + Reiter
Sexualität in Vollendung	Turm + Lilie + Bär + Sterne	Sprachbehinderung	Ruten + Berg
Sexualität, mit Sicherheit	Schlüssel	Streit	Ruten + Sense
Sexuelle Verbindungen, mit zwei Personen	Herz + Ruten oder Eulen + Lilie	Spritzen, kranker Kopf	Sense + Sarg
Sicherheit	Schlüssel	stabile Gesundheit	Haus + Baum
Signale aus der Transzendenz, z. B. Träume	Sarg + Schiff	Stabilität	Haus
		Stabilität, auf Umwegen	Schlange + Bär
Skandinavien	Lilie	Stabilität, schwankende	Wolke + Bär
Sommer	Sonne	Stadt, kleine	Haus
Sommerhaus	Haus + Sonne	Steinbildung	Berg
Sorgen	Eulen	Steißbein	Kreuz + Ruten
Sorgen, ernstere	Eulen + Sarg	Stillstand	Schlange + Sarg
Sorgen, von kurzer Dauer	Vögel + Klee	Stimme	Hund
Spanien	Sonne	Stimmen hören, die andere nicht hören können	Fuchs + Mond + Eulen + Ruten

Stottern	Ruten + Sarg	Tod kommt mit Sicherheit, aber es dauert noch lange	Baum + Kreuz + Person
stumm (keine Stimme)	Sarg + Ruten		
süchtig sein	Lilie + Sonne	Tod kommt mit Sicherheit, nicht unter 5 Jahren	Baum + Kreuz
		Todesfall, Erlösung durch den Tod	Wolke + Sarg + Kreuz

T

		Todesfall, plötzlicher	Sense + Sarg + Kreuz
Tätigkeit mit Steinen, (Bildhauer), Architekt	Haus + Berg	Todesfall (sicherer), durch Krankheit	Sarg + Sense + Kreuz
Tanz, berufsmäßig	Eulen + Sterne + Anker	Toleranz	Wege
tanzen	Sterne + Eulen	trocknen, austrocknen	Sonne + Blumen
Tanzen, Parkcafé	Park + Sterne + Eulen	Treue	Hund oder Ring + Anker
Tausende, -zig	Sterne + Sense + Fische		
Taxi	Anker + Reiter + Kind		

U

Telepathie	Ruten + Sonne	U- oder S-Bahn	Schiff + Sense + Park, darunter Schlange
Testament	Kreuz + Brief		
Thailand, asiatische Länder, außer Japan	Park + Schiff + Turm + Sonne und Lilie in der Nähe	Überraschung, mit Gewißheit, erfreuliche	Blumen + Schlüssel
Theater	Park + Sterne	Überraschung, negative	Wolke + Sense
Theologe	Haus + Kreuz	Überraschung, plötzliche, freudige	Blumen + Sense
Tief	Fische	Überraschungen, viele	Baum + Sense
Tod ist abwendbar	Kreuz + Baum + Personenk.	Überrumpelung	Wolke + Sense + Buch

Umwege sind gewiß	Schlange + Schlüssel	Unterbrechung	Sarg + Ruten
Umwegen, auf, bis zur Grenze	Schlange + Turm	Unterleib, Hormone, Geschlechtsorgane	Lilie
Unaufhaltbares, man kann nichts aufhalten	Blumen + Mäuse	Unternehmen, großes, mit viel Publikumsverkehr	Anker + Haus + Park
Undurchsichtigkeit mit Geld, negative Geldangelegenheiten	Wolke + Fische	Unternehmungen, familiäre	Reiter + Lilie
Undurchsichtigkeit, Verschlossenheit	Wolke + Buch	Unternehmungen in den Abendstunden	Reiter + Mond
Unfähigkeit, nichts geht mehr	Sarg + Schlüssel	Unternehmungen ruhen	Sarg + Reiter
Unfallgefahr	Wolke + Sense + Ruten	Untersuchungsergebnis	Brief
Unfallgefahr in Kurven, Schleudern, gefährliche Frau	Schlange + Sense		

V

Vater	Turm + Bär alle Karten, die zwischen diesen beiden Karten sind, betreffen den lebenden Vater
Vegetatives Nervensystem	Blumen + Ruten oder Eulen oder Wege
Venen	Wege
Venen, unterschiedliche Beine (Länge, Dicke)	Eulen
Venenerkrankung	Sarg + Wege

Unklarheiten in Richtungsempfindungen	Wolke + Eulen
Unklarheiten in Unternehmungen	Wolke + Reiter
Unklarheiten, kurzfristige	Wolke + Klee
Unklarheiten lösen sich plötzlich auf	Sense + Wolke
Unklarheiten, zeitweilige Gedächtnisstörungen	Sterne + Berg + Eulen + Sarg
Unselbständigkeit, Unsicherheit	Wolke + Schlüssel

Veränderung	Störche	Verdauung	Mäuse
Veränderung, glückliche	Klee + Störche	Vergewaltigung	Sense + Lilie
Veränderung im Beruf, Student	Haus + Störche	Verhalten, falsches	Fuchs + Ruten
Veränderung, negative	Wolke + Störche	Verhalten, sich kurzfristig diplomatisch verhalten	Klee + Bär
Veränderung steht an	Sarg + Störche		
Verbindung	Ring	Verhandlung, erfolgreiche	Sonne + Ruten
Verbindung, Auflösung	Ring + Mäuse/Kreuz	Verhandlung, falscher Ansprechpartner	Fuchs + Ruten
Verbindung, die kaum zu lösen ist	Schlange + Ring	Verhandlung ohne Ergebnis	Ruten + Wolke (helle Seite)
Verbindung, erfreuliche	Blumen + Anker	Verhandlung, Unterbrechungen, Blockaden	Berg + Ruten
Verbindung, kommt auf einen zu	Ring + Schiff	Verhandlung, »verläuft im Sand«	Ruten + Kreuz
Verbindung, kurze	Klee + Ring		
Verbindung mit gewisser Festigkeit	Reiter + Anker	Verkettung	Anker
		Verkettung, kaum lösbar	Anker + Schlange
Verbindung, stabile	Ring + Haus	Verlobung	Blumen + Ring
Verbindung, Unklarheiten	Ring + Wolke helle Seite	Verlobung, kommt nicht zustande	Ring + Blumen + Mäuse
Verbindung zur Familie	Baum + Lilie		
Verbindung, zwei Stück	Ring + Eule oder Ruten	Verlust	Mäuse
Verbundenheit mit Kind	Ring + Kind	Verlust, doppelter	Sarg + Eulen
Verbundenheit zum Haus, Hausfrau, Hausberuf	Haus + Anker	Verlust, totaler (kein Tod)	Sarg + Kreuz

Verlust, Wohnung oder Haus	Haus + Mäuse + Storch	**W**	
Vermittlung	Brief	Wachstum zum Medium	Blumen + Mond
Versammlung	Park	Wadenkrampf	Sense + Rute + Wege
Verschwiegenheit	Schlange + Buch	Wärme (Temperatur)	Sonne
Verschwiegenheit einer Person	Personenk. + Kreuz + Buch	Warenhaus	Ruten + Anker + Park
Verschwiegenheit zum Nachteil anderer	Fuchs im Rücken der Personenkarte	Warenhausverkäuferin	Ruten + Anker + Park + Reiter
Vertreter	Anker + Reiter	Warentausch	Fische + Ruten
Vorangehen, leichten Herzens	Reiter + Herz	Warentermingeschäfte	Fische + Ruten + Ring
		Warten	Baum
Vorbestimmung, kommt mit Gewißheit	Schlüssel	Wasserhaushalt des Körpers	Baum
Vorsicht, Knochenbruch	Sense + Berg	Wassersucht, Angelegenheit ist verschwommen	Baum + Fische
Vorübergehend	Blumen + Berg oder Turm		
Vorwärtskommen im Leben	Reiter + Baum	Wechsel des Hauses	Haus + Ruten
		Wechsel innerhalb des Betriebes, verwandte Richtung	Haus + Störche + Ruten
Vorwärtskommen, Durchkommen	Reiter + Berg		
		Wege, kurze	Klee + Wege
Vorwärtskommen auf Umwegen	Reiter + Schlange	Wege, Wanderungen, Sportarten verschiedener Richtungen	Reiter + Störche
Vorwärtskommen, Negativem den Rücken zudrehen	Reiter + Mäuse		
		Weiterbildung (Studium)	Haus + Wolke

Wende, glückliche, negative Dinge ziehen ab	Klee + Wolke	Zellen	Haus
Wende nach langen Irrwegen	Klee + Schlange	Zuhälterei	Wolke + Sarg + Sense + Lilie
Werte, materielle	Fische	zukommen lassen, auf sich selbst	Schiff
Wille	Sonne	Zunge	Ruten
Winter	Lilie oder Sterne	Zusammenbruch, plötzlicher	Sense + Turm
Wirbelsäule, Darm	Schlange + Baum	Zwangsräumung	(Wolke) + Sense + Haus + Reiter (in gerader Linie miteinander verbunden)
Wohnung, eigene oder künftige	Haus	Zweifel	Wolke/Eulen

Z

Zähne	Sense
Zahlen	
2	Ruten/Eulen/Wege
Zeichen aus der Transzendenz	Sarg + Wolke
Zeitbestimmung, kurzfristige	Klee/Schlüssel
Zeitraum, längerer (zwei bis unendlich viele)	Baum + Wege

Was kommt diese Woche auf mich zu? – Kartenreport

Name _____

Woche _____

Was kommt diese Woche auf mich zu? – Kartenreport

Name _____

Woche _____

Was kommt diese Woche auf mich zu? – Kartenreport

Name _____

Woche _____

Gesamtübersicht – Kartenreport

Mit der linken Hand 3 Päckchen abheben

Die gegenwärtige Situation und nahe Zukunft – Kartenreport

Personen Karte					

195

Gesamtübersicht – Kartenreport

Mit der linken Hand 3 Päckchen abheben

Die gegenwärtige Situation und nahe Zukunft – Kartenreport

| Personen Karte | | | | | | |

Großes Blatt – Kartenreport

Karten des dreimaligen Abhebens

Großes Blatt – Kartenreport

Karten des dreimaligen Abhebens

Keltisches Kreuz – Was in Kürze geschieht – Kartenreport

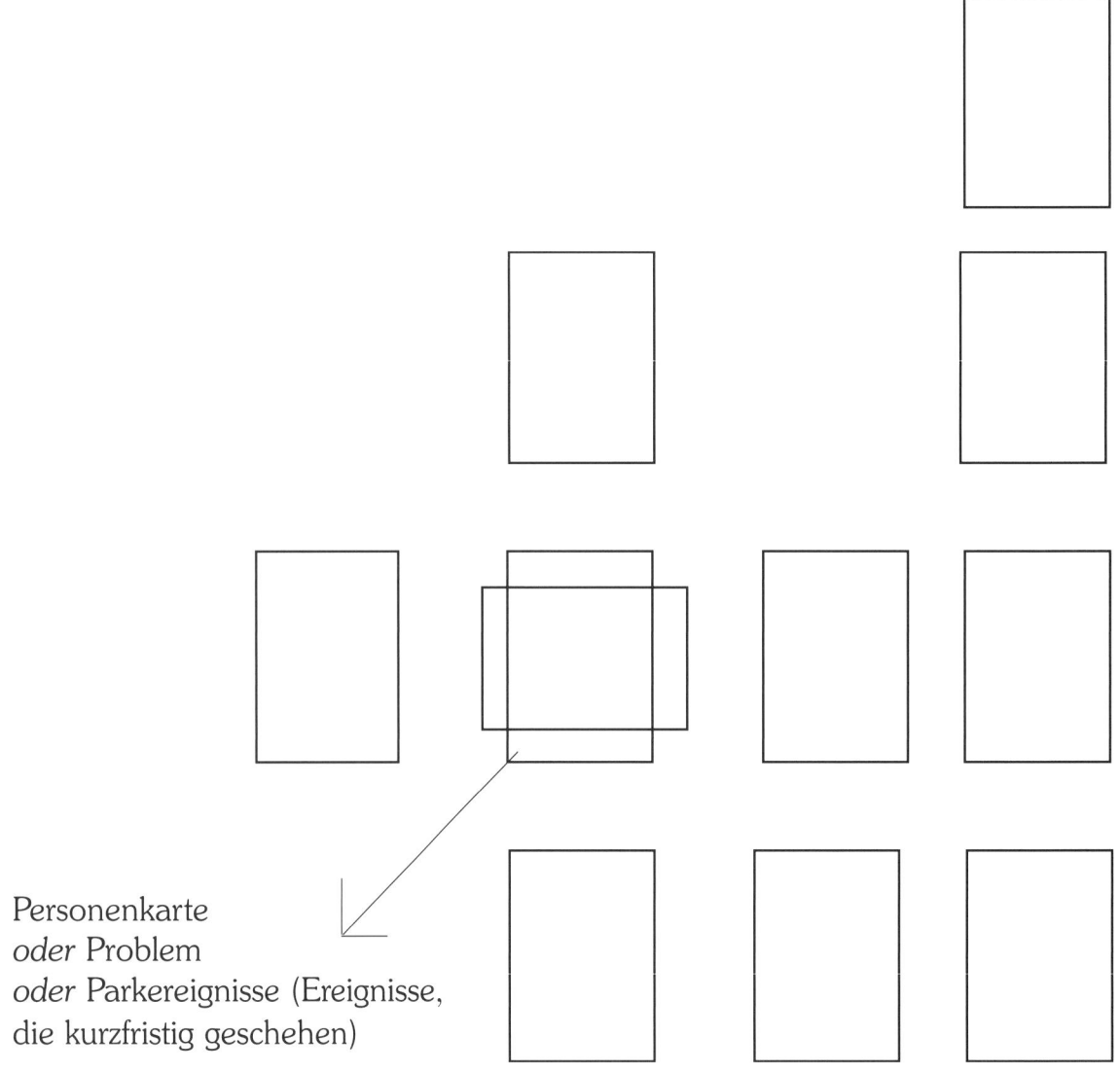

Personenkarte
oder Problem
oder Parkereignisse (Ereignisse,
die kurzfristig geschehen)

Keltisches Kreuz – Was in Kürze geschieht – Kartenreport

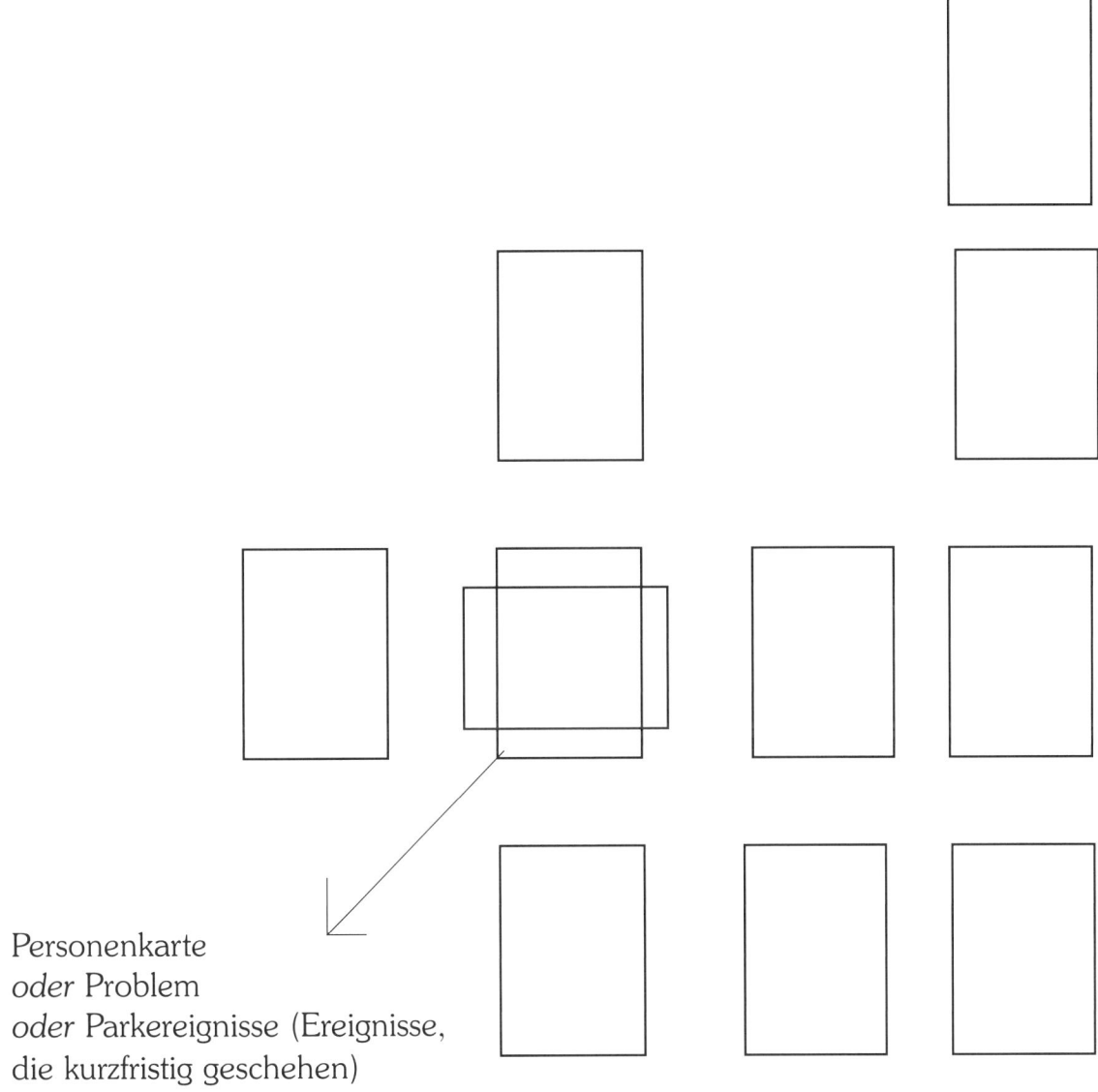

Personenkarte
oder Problem
oder Parkereignisse (Ereignisse,
die kurzfristig geschehen)

Nachwort

Nachdem Sie dieses Buch für sich erarbeitet haben, sind Sie bestimmt in der Lage, für Freunde oder Bekannte die Karten zu deuten. Seien Sie sich der Verantwortung bewußt, und setzen Sie Ihre Wortwahl gezielt ein, denn es ist nach außen hin nicht ersichtlich, welche Hoffnungen und Ängste ein Mensch bewußt oder unbewußt in sich trägt. Sprechen Sie behutsam mit Ihrem Gegenüber, denn das Kartendeuten für den anderen setzt ein gutes Einfühlungsvermögen voraus.

Wenn Sie bewußt mit den Karten umgehen und sie als Medium zur Hilfe, zur Erkenntnis und zum weiteren Wachstum für Sie oder andere Personen einsetzen, können Sie sicher sein, daß auch Ihre Antworten auf die gestellten Fragen richtig und fördernd sind. Sollten Sie gerne für fremde Menschen Kartenlegen wollen, auch hier können Sie sicher sein, daß Sie gemäß Ihrer Schwingung die richtigen Personen anziehen werden. Nach einiger Übungszeit werden Sie bereits von selbst erkennen, wie und mit welchen Nachfolgefragen die Wege sichtbar werden, die mühelos für den anderen begehbar sind. Oftmals hilft ein mitfühlendes Gespräch, Ordnung in das Chaos der Situation, der Gefühle zu bringen. Danach ist auch die Aussage in den Karten präziser. Je verwirrter der Mensch ist, desto mehr spiegeln die Karten auch diese Verwirrung. Vor allem dann, wenn in Krisensituationen ständig um Rat gefragt wird.

Es heißt: Ihr Denken bestimmt Ihr Handeln und dadurch Ihre Zukunft. Wie wundervoll werden Sie sagen, ich denke doch bereits seit langem positiv und immer wieder passiert mir soviel Mist!

Werden Sie sich einfach nochmals bewußt, daß in Ihrem Gehirn pro Tag zwischen 40.000 bis 50.000 Gedanken unkontrolliert ablaufen. Bewußt davon sind Ihnen allerdings nur etwa drei bis fünf Prozent. Diese ein bißchen besser zu steuern, würde bereits innerhalb einiger Wochen dazu beitragen, Sie jeden Tag in Freude ausbrechen zu lassen.

Sie kennen diese Phase, in der Ihnen alles glückt, Sie von Erfolg zu Erfolg gehen, alle Mitmenschen äußerst lieb und rücksichtsvoll zu Ihnen sind. Die Antwort ist einfach: Sie sind verliebt, und alles ist wunderbar. Ergo sind fast alle Gedanken auf Zukunft, Licht, Liebe, Helligkeit, Freude, Glück, Pläne und Ziele ausgerichtet. Alles Leid der Vergangenheit ist verblaßt und wie weggewischt. Das bewußte Denken steuert in solchen Fällen auch den komplizierten Mechanismus der unbewußten zigtausend Gedanken.

Ich wünsche Ihnen von ganzen Herzen, daß Sie immer in einer solchen Phase sind und viel Freude mit den Lenormand-Karten und unserem Mystischen Kartenlegebuch haben.

*Ihre
Dietlind Herlert-Schaaf*

Danksagung

Wir danken allen, die uns bei der Erstellung dieses Buches von Anbeginn an hilfreich zur Seite standen. Vor allem danken wir unseren geistigen Begleitern und unseren Schutzengeln für ihre unterstützenden Eingebungen, die selbst uns manchmal überraschten! Und natürlich danken wir unserer Verlegerin, die es uns doch noch ermöglichte, unser Buch herauszubringen. Ohne die Liebe, die uns mit den Menschen und auch mit diesen wunderbaren Karten verbindet, wäre dieses Buch nie entstanden.

Camilla Haymack
Dietlind Herlert-Schaaf

Unser Dank gebührt der Firma AGM AGMUELLER Schaffhauser Spielkartenfabrik in Neuhausen, Schweiz, die uns in liebenswürdiger Bereitschaft die Abdruckrechte für die LENORMAND-KARTEN BLAUE EULE überlassen hat.

Verzeichnis: CORONA Verlag HAMBURG

Antworten auf Irdisches aus der Akasha-Cronik

Halina Kamm
Spirituelles Kartenlegen nach Mlle Lenormand

Durch Weisheit und fundiertes Sachwissen werden dem Fragenden Antworten für viele unverständliche Lebenssituationen vermittelt, auf die der Verstand hilflos passen muss. Das Buch ist leicht verständlich, klar, präzise, übersichtlich und leicht erlernbar gehalten. Jede Karte wird in allen Verbindungskombinationen gedeutet. Es erklärt Logisches sowie Irrationales und zeigt besondere Wege auf.
• Der spirituelle Weg • Schicksalswendepunkte • Weg nach Hause • Weg Deiner Seele •

248 Seiten, geb. mit Abbild.
ISBN 3-934438-04-0

Für Bekannte, Freunde, Liebe und Partnerschaft

Halina Kamm
Emotionales Kartenlegen nach Mlle Lenormand

Ist leicht verständlich, prägnant und sachlich aufgebaut. Alle Karten werden in sämtlichen vorhandenen Kombinationen zueinander gedeutet und erklärt. Sie werden erfahren, was der andere wirklich empfindet, ob er Freund oder Feind ist. Wann und wo Sie den Partner kennen lernen und ob etwas Pech oder Glück sein wird. Wird es die große Liebe werden oder nur vorübergehend sein? Ihre Fragen werden beantwortet und durch die Erkenntnisse sprudelt Ihre Intuition.

260 Seiten, geb. mit Abbild.
ISBN 3-934438-10-5

Geld, Kapital, Geschäfte, Selbstständigkeit, Arbeit Karriere, Erfolge

Halina Kamm
Finanzielles Kartenlegen nach Mlle Lenormand

Aufgebaut und erklärt wie die gesamte Reihe. Leicht verständlich, prägnant und sachlich. Sie erfahren, ob Ihre Kunden bezahlen, ob Sie den Job erhalten oder behalten werden. Sie bekommen Auskünfte über jeden Geschäftsverlauf und können über Vorabwissen manches harte Los zu verhindern. Prozesse müssen nicht geführt werden, Schwierigkeiten können rechtzeitg beigelegt werden oder entstehen durch weise Vorabhandlungen nicht. Sie erkennen, ob eine Firma solvent ist oder schon der Konkurs droht, und wenn, ob sie noch zu retten ist. Ein guter Ratgeber, um bösen Überraschungen aus der Wirtschaftslage vorzubeugen.

224 Seiten, geb. mit Abbild.
ISBN 3-934438-17-2

Für weitere Titel forden Sie bitte unser Verlags- und Musikprogramm an.

Geführte Meditationen CD
Diese Meditationen sind besprochen und mit Musik unterlegt

CD 201, ISBN 3-928084-48-8
Partnerschaft – Berufung
Blockadenerkennung in Partnerschaft, Beruf und Gesundheit. Klärung der Emotionen. Verbindung und Festigung zur Realität.

CD 202, ISBN 3-928084-49-6
Ich bin Licht und Energie
Als Entspannungsgrundlage und gleichzeitiges Trainingsprogramm zur Vertiefung und Festigung einer inspirirenden, kraftvollen Energie, fürs tägliche Leben.

2. Titel:**Der Baum – Dein Freund**
Eine besonders gute Übung, um nach einem hektischen Tag abzuschalten. Sie fördert über die Bilder die direkte Kommunikation und Verbundenheit mit der Natur.

CD 203, ISBN 3-928084-50-X
1. Titel: **Spiegel des Bewusstseins**
A: Für Fragen geeignet, wie: Mache ich alles richtig, sind meine Entscheidungen dem Wohl aller Beteiligten gerecht, usw., so dient diese Meditation Ihrer Bewußtseinserweiterung und Erkenntnis.

2. Titel: **Weg der Wahrheit**
Klarheit in den Gedanken zu erhalten und Entscheidungen richtig einzuschätzen. Stärkung und Harmonisierung des Körpers.

CD 204, ISBN 3-928084-51-8
1. Titel: **Kristallpyramide**
Erlernen, verstehen und aktivieren der Kristalle in spielerischem Rahmen. Besonders geeignet zum Regenerieren aller nervlichen Anspannungen im Körper.

2. Titel: **Dimensionsreise**
Konfliktbereinigung mit nahestehenden Personen. Diese Lichtreise in Begleitung geistiger Helfer bereinigt und löst Emotionen. Sie ist einfach traumhaft schön.

CD 205, ISBN 3-928084-52-6
1. Titel: **Lichtreise**
Als Transformationsprozeß des Körpers bzw. der Aura. Klärung und Reinigung durch Lichtenergie. Lösungen für besondere Fragen zum Wohle aller Beteiligten.

2. Titel: **Rückführung**
Klärung des Emotionalkörpers. Sie erhalten Antworten auf ungewisse Verhältnisse.

CD 206, ISBN 3-928084-53-4
1. Titel: **Die Kraft des Vulkans**
Stärkung der Intuition. Durch die Lösung der Blockaden werden die Grunddynamiken wie Harmonie, Freude, Kraft, Stärke usw. gefestigt.

2. Titel: **Phönix aus der Asche**
Reise ans Meer. Spazierengehen am Strand, die Kraft des Lebens spüren und sich spielerisch leicht erneuern. Besonders für Menschen geeignet, die gerade schwere und traurige Zeiten erleben. Entdecken Sie Ihr eigenes, unbeschwertes, inneres Kind.

CD 207, ISBN 3-928084-54-2
1. Titel: **Schutzengel**
Kennenlernen seines Schutzengels in der für Sie akzeptabelsten Gestalt u. Erkennen seiner Energie im täglichen Leben. Zum sanften Einschlafen geeignet.

2. Titel: **Freiheit und Frieden**
(Basisprogramm) Entspannungs- und Trainingsprogramm zur Vertiefung und Festigung einer positiven, kraftvollen Energie, die im täglichen Leben inspirierend und aufbauend wirkt.

CD 208, ISBN 3-928084-55-0
Engel der Heilung

CD 209, ISBN 3-928084-56-9
Reichtum- Erfolg - Liebe

CD 210, ISBN 3-928084-57-7
Reise in den Ursprung

CD 211, ISBN 3-934438-06-7
Schuld und Vergebung

Den Autoren ist es bewußt, daß dieses Buch nicht alle auftretenden Fragen beantworten kann. Sollte Interesse an Seminaren (Anfänger, Fortgeschrittene, Wiederholung) bestehen, bitten wir Sie, sich mit dem Verlag in Verbindung zu setzen:

Weitere Bücher, Musik und Verlagsprogramme fragen Sie bitte beim Verlag an:

CORONA Verlag
Postfach 76 02 65 • 22052 Hamburg
Tel.: 040 - 642 41 44
Fax: 040 - 642 210 23